中国抗日战争

1931—1945

极简史

张树军　亓阵之　著

学习出版社

图书在版编目（CIP）数据

中国抗日战争极简史 / 张树军，亓阵之著. -- 北京：学习出版社，2025.8. --（极简史系列）. -- ISBN 978-7-5147-1379-4

Ⅰ. K265.09

中国国家版本馆CIP数据核字第20252CM078号

中国抗日战争极简史

ZHONGGUO KANGRI ZHANZHENG JIJIANSHI

张树军　亓阵之　著

责任编辑：李　岩　左轩铭
技术编辑：朱宝娟
装帧设计：映　谷

出版发行：学习出版社
　　　　　北京市崇外大街11号新成文化大厦B座11层（100062）
　　　　　010-66063020　010-66061634　010-66061646
网　　址：http://www.xuexiph.cn
经　　销：新华书店
印　　刷：北京顶佳世纪印刷有限公司

开　　本：710毫米×1000毫米　1/16
印　　张：16.75
字　　数：159千字
版次印次：2025年8月第1版　2025年8月第1次印刷

书　　号：ISBN 978-7-5147-1379-4
定　　价：79.00元

如有印装错误请与本社联系调换，电话：010-66064915

目　录

题注：该标题取自《义勇军进行曲》的歌词。《义勇军进行曲》是 1935 年 5 月上映的电影《风云儿女》的主题歌，由田汉作词、聂耳作曲。1949 年成为中华人民共和国国歌。

二 "把我们的血肉筑成我们新的长城"

题注：该标题取自《义勇军进行曲》的歌词。

三 "到敌人后方去，把鬼子消灭净"

题注：该标题取自《到敌人后方去》的歌词。这首歌由赵启海作词、冼星海作曲，于 1938 年 9 月问世。这句歌词的后半句原词为"把鬼子赶出境"，另有一个版本是"把强盗赶出境"。此处用的是后来集体重新填词的版本。

四 "我们万众一心，冒着敌人的炮火前进"

题注：该标题取自《义勇军进行曲》的歌词。

五 "坚持抗战，坚持统一战线，坚持持久战，最后胜利必然是中国的"

题注：该标题取自 1938 年 7 月延安解放社出版的《论持久战》扉页刊登的毛泽东的题词。《解放》周刊登载了同样的题词。

六 "解放区的天是明朗的天"

题注：该标题取自 1943 年刘西林以冀鲁民歌曲调为基础填词创作的歌曲《解放区的天》（亦称《解放区的天是明朗的天》）。

七 "中国的抗战是世界性的抗战"

题注：该标题取自 1939 年 1 月毛泽东为《论持久战》英译本写的序言。全文原载 1939 年 2 月 15 日《八路军军政杂志》第 2 期。序言中指出："伟大的中国抗战，不但是中国的事，东方的事，也是世界的事。""我们的敌人是世界性的敌人，中国的抗战是世界性的抗战。"

八 "向着太阳，向着自由，向着新中国发出万丈光芒"

题注：该标题取自 1943 年由牧虹作词、卢肃作曲的歌曲《团结就是力量》。

九 "庆祝抗日胜利，中华民族解放万岁"

题注：该标题出自 1945 年 9 月 3 日《新华日报》登载的毛泽东的题词："庆祝抗日胜利，中华民族解放万岁！"

十 "战争史上的奇观，中华民族的壮举，惊天动地的伟业"

题注：该标题取自 1938 年 5 月毛泽东写的《论持久战》。文中写道："这样看来，长期而又广大的抗日战争，是军事、政治、经济、文化各方面犬牙交错的战争，这是战争史上的奇观，中华民族的壮举，惊天动地的伟业。"

起来！不愿做奴隶的人们！

把我们的血肉，筑成我们新的长城！

中华民族到了最危险的时候，

每个人被迫着发出最后的吼声。

起来！起来！起来！

我们万众一心，

冒着敌人的炮火前进！

冒着敌人的炮火前进！

前进！前进！进！

如今，这首雄壮的歌曲早已成为中华人民共和国国歌，已成为中国人自豪和尊严的象征。然而，就是它，这首诞生于20世纪30年代由田汉作词、聂耳作曲的《义勇军进行曲》，喊出了那个时代中华民族满腔的悲愤，唱出了那个时代中华儿女不屈的心声，被称为中华民族解放的号角。这首歌雄浑悲壮、威震山河，荡气回肠、刻骨铭心，唱出了誓死保卫祖国的英雄气概，点燃了每个中国人强烈的爱国激情，成为伟大爱国主义精神的不朽杰作和千古绝唱。

翻阅历史资料，可看到这样的记载："一个英国记者在北戴河初闻此歌，为之感动流泪；一个日本的文化人在上海街头听了，不觉心神震动；这歌曲曾流行于印度河上，也曾洋溢于旧金山的一角；有着中国人的踪迹，就流行着这首悲愤的歌曲。"

就让我们循着这首歌的旋律，回到那个民族灾难深重的年代，看一看中华民族是怎样同仇敌忾、共御外侮、夺取抗日战争伟大胜利的！

中华民族到了最危险的时候

题注：该标题取自《义勇军进行曲》的歌词。《义勇军进行曲》是1935年5月上映的电影《风云儿女》的主题歌，由田汉作词、聂耳作曲。1949年成为中华人民共和国国歌。

（一）九一八事变

1931年9月18日，一件关系中国命运、震惊世界的事件突然发生了。这天深夜，根据不平等条约而驻扎在中国东北的日本关东军自行炸毁沈阳北郊柳条湖附近南满铁路的一段路轨，反诬中国军队破坏铁路，并以此为借口，突然向中国军队驻地北大营和沈阳城发动进攻。9月19日晨，日军侵占沈阳，随即在几天内侵占安东（今丹东）、海城、营口、辽阳、鞍山、铁岭、本溪、抚顺、四平、长春、吉林等30多座城市和12条铁路，以及周围广大地区。9月，辽宁（除锦州及辽西）、吉林两

◎ 图为日军向沈阳城内射击

省沦陷。11月，黑龙江省基本沦陷。1932年1月，锦州及辽西地区沦陷。2月5日，哈尔滨沦陷。至此，在短短4个多月内，整个东北百万平方公里的大好河山沦为日本的占领地。东北3000万人民陷入亡国惨痛之中。张寒晖1936年创作的歌曲《松花江上》，唱出了对侵略者带来的深重灾难的悲愤，表达了对东北家乡的深深怀念和对收回故土的殷切期盼。歌中唱道："'九一八'，'九一八'，从那个悲惨的时候，脱离了我的家乡，抛弃那无尽的宝藏，流浪！流浪！整日价在关内，流浪！流浪！哪年，哪月，才能够回到我那可爱的故乡？哪年，哪月，才能够收回我那无尽的宝藏？爹娘啊，爹娘啊，什么时候才能欢聚在一堂？"

日本在中国东北扩大侵略的同时，又于1932年1月28日在上海挑起侵略战争，向在上海的中国驻军发动进攻，淞沪抗战（"一·二八事变"）爆发。驻扎在上海的中国军队第十九路军（总指挥蒋光鼐、军长蔡廷锴）及增援上海的第五军（军长张治中）并肩作战，在各界民众支援下，奋勇抗击日军进攻。中国守军付出伤亡约 25 万人的代价。5 月 5 日，中日签订《淞沪停战协定》。中国军队被迫撤离上海，日本军队获得长期驻留上海的特权。

同年 3 月 1 日，日本炮制的"满洲国"宣布成立。3 月 9 日，清朝末代皇帝溥仪出任伪满洲国"执政"。1934 年 3 月，"满洲国"更名为"满洲帝国"，溥仪由"执政"改当"皇帝"。日本侵占中国东北后，残酷镇压民众反抗，疯狂掠夺各种资源，在政治、经济、文化等领域实行法西斯殖民统治。东北人民陷入水深火热之中。

九一八事变，是日本政府长期以来推行对华侵略扩张政策的必然结果，也是它为把中国变成日本独占的殖民地而采取的重要步骤。日本对中国的侵略蓄谋已久。1868 年，日本开始明治维新，在开启近代化进程的同时，迅速走上侵略扩张的军国主义道路，制定了以侵略中国、朝鲜为主要目标的大陆政策。从 19 世纪 70 年代侵略台湾开始，日本发动和参加了一系列侵华战争。特别是通过发动 1894—1895 年的甲午战争、参加 1900 年八国联军侵华以及 1904—1905 年在中国东北进行的日俄战争等侵略扩张行动，日本迫使清政府订立不平等条约，侵占中国台湾，并把中国东北的南部地区强行划为自己的势力范围。日本在中国东北设立殖民机构，如关东都督府、南满洲铁道株式会社（简称"满铁"）、驻奉天总领事馆等，建立关东军，对东北进行全面的政治、军事控制和经济掠夺。1927年6月27日至7月7日，日本政府召开东方会议，制定《对华政策纲要》。会后，日本首相田中义一根据会议精神起草一份奏折呈送天皇（即"田中奏折"）。东方会议和"田中奏折"，露骨地表明了先攫取满蒙，再占领整个中国，进而吞并亚洲、称霸世界的总构想，成为20世纪三四十年代日本对外发动侵略战争的总纲领。

1929年秋，世界性经济危机爆发。为了摆脱危机，各帝国主义国家加快了对外侵略扩张的步伐。法西斯势力乘机兴风作浪，加速了欧、亚战争策源地的形成，引起世界格局和世界主要矛盾的变化。日本受到这次经济危机的猛烈冲击，国内发生严重的经济、政治危机，日本统治集团急于发动侵略中国的战争，以缓和国内的阶级矛盾，摆脱经济危机带来的困境。1931年上半年，日本政府及其在中国东北的殖民机构加紧武装侵略的一系列政治、军事部署。从九一八事变开始的日本对中国的侵略，完全是在精心策划下发动的。

日本之所以能够轻易地实现它的侵略计划，主要是以蒋介石为首的国民党政府对日本的侵略实行不抵抗政策的结果。九一八事变前，日军已在中国东北制造多起事端，其侵占东北的野心早已昭然于世。但是，蒋介石既忙于国民党内部的派系斗争和军阀混战，更忙于调集军队"围剿"中国共产党领导的工农红军。1931年7—9月，蒋介石调集30万大军对中央革命根据地进行第三次"围剿"，并亲赴南昌督战。九一八事变发生时，日本关东军不过1万多人，中国东北军除在中原大战后期调进关内7万人外，仍有16.5万人驻在东北。九一八事变发生后，国民党南京政府电告东北军，日军此举不过寻常寻衅性质，为免除事件扩大起见，绝对抱不抵抗主义。

九一八事变后，国民党政府幻想通过国际联盟（简称"国联"）制止日本侵略。1932年春，以英国人李顿为团长的国联调查团到达中国东北等地，经过1个半月的访问调查，至9月4日完成调查报告书，并于10月2日正式公布《中日纷争调查委员会报告书》（通称《李顿报告书》）。报告书总的倾向是牺牲中国，姑息日本的侵略行径，遭到中国共产党、中国人民和世界进步舆论的反对。

九一八事变震惊全国。著名记者邹韬奋悲愤地撰文指出："今日日本在东北无端占我土地，焚我官署兵营，解我军械，逮捕我官吏，惨杀我无辜，凡此种种亡国奴所受之至惨极痛之悲剧，若我们无彻底觉悟与坚决奋斗的抗御，则为我们人人及身所必须遭遇，妻女任人奸淫掳掠，自身任人奴役蹂躏，子子孙孙陷入非人的地狱深渊，皆非意想而为可能的事实！"

以往，中国曾多次痛感帝国主义列强瓜分和侵略的威胁，亡国之危迫在眉睫。这次九一八事变，亡国惨祸成为活生生的现实。"中华民族到了最危险的时候，每个人被迫着发出最后的吼声。"中国人民以血肉身躯筑起反抗侵略的钢铁长城，一场持续 14 年的抗日战争话剧在中国的大地上雄壮上演。

从九一八事变到 1937 年七七事变之前，富有爱国主义传统的中国军民，同日本侵略者展开了以武装抗击为主要形式的局部抗战。九一八事变爆发后，中国人民奋起抵抗日本军国主义侵略，成为中国人民抗日战争的起点，揭开了世界反法西斯战争的序幕。

（二）抗日救亡运动的兴起

日本侵略者以武力进攻中国这个事实，使中日之间的民族矛盾逐步上升到主要地位，使中国国内的阶级关系发生重大变动。

空前的民族灾难唤起空前的民族觉醒，抗日救亡运动在全国迅速兴起。在广大民众中，不仅工人、农民坚决要求反抗日本侵略，青年学生和城市小资产阶级也积极要求抗日。1931 年 9 月 21 日、24 日，上海 3.5 万名码头工人先后举行反日大罢工，拒绝为日本船只装卸货物。北平、天津、上海、南京、广州、武汉等地的学生、工人和市民群情激愤，纷纷请愿、游行示威、罢课罢工、发表通电，强烈要求政府抗日，并禁售日货。9 月 27 日，流亡关内的东北爱国人士阎宝航等 400 多人在北平成立东北民众抗日救国会。从 9 月末开始，许多地方的学生也分别向当地政府请愿，派代表或自行结队汇集到南京向国民党中央请愿。愤怒的学生殴打了国民党南京政府外交部部长王正廷，迫使蒋介石几次出面接见学生，答复质问。11月，蒋介石表示"个人决心北上"以欺骗舆论，学生乘机发起"送蒋北上抗日"运动，一时间到南京敦促政府出兵的学生达2万多人。11月末，南京政府向国联提议将锦州划为"中立区"，交由国际共管，企图以承认日本占领东北来谋求对日妥协。学生闻讯后更加愤怒，立即改请愿团为示威团，又一次掀起前往南京示威的高潮。12月17日，汇集南京的各地学生3万多人举行联合大示威，但遭到大批国民党军警的压制和阻拦。

这时，民族资产阶级和知识界上层分子的态度也有了明显变化，开始积极行动，发出"要求抗日、实行民主"的呼声。上海《申报》《新闻报》刊登学生的抗日宣言。上海、汉口、天津等地的商号抵制日货，要求"实行对日经济绝交"。

在被日军占领的东北地区，爱国民众和官兵对日军进行了顽强抗击。国民党内部一些爱国将领奋起抵抗。1931年11月，黑龙江省代主席兼军事总指挥马占山率部进行江桥抗战，给日军以沉重打击。从1931年10月到1933年初夏，东北各阶层民众和爱国官兵组织起为数众多的抗日义勇军等多种形式的抗日队伍。东北义勇军奋起抗战，牵制了大量日军，有力地打击了日本侵略者。东北民众和爱国官兵的抗日斗争，得到全国人民的声援和支持。但是，东北义勇军实力有限，加之成分极其复杂，又缺乏集中统一领导，没有明确的政治纲领和严格的组织纪律，因而在日军重兵进攻下遭受严重挫折。到 1933 年春，义勇军伤亡 13 万人左右，溃散 7 万余人，退入苏联和热河境内共 6 万余人，尚有 4 万余人分散在东北各地坚持抗日斗争，其中一部分加入了中国共产党领导的抗日游击队。

可是，国民党政府确定的基本方针是求和，一再妥协退让。蒋介石在 1931 年 7 月间提出"攘外必先安内"的方针。继 1932 年 5 月同日本侵略者签订《淞沪停战协定》后，6 月，蒋介石在庐山召开赣、湘、鄂、豫、皖 5 省"剿匪会议"，明确宣布国民党南京政府处理对外对内关系的基本国策是"攘外必先安内"。

1933 年，日本在巩固和加强统治中国东北的同时，更把侵略的矛头进一步指向华北。1 月初，日军攻占华北与东北的交通咽喉山海关。2 月下旬，日、伪军向热河进犯。3 月初，

国民党的热河省主席汤玉麟不战而逃，百余名日本骑兵轻而易举地侵占省会承德，热河全省沦陷。

面对日益加深的民族危机，在全国抗日浪潮的推动下，部分国民党军队在中国共产党和爱国民众支持与声援下，相继进

◎ 长城上布防的中国军队

11

行了长城抗战、察哈尔抗战和绥远抗战。

日军占领热河后，迅即南下向长城线上的军事要隘喜峰口、冷口和古北口等地进犯，侵略矛头直指北平、天津。驻守长城的中国军队，包括原属冯玉祥的西北军、原属张学良的东北军及蒋介石嫡系的中央军共 13 个军约 25 万人，奋起抵抗，重创日军，使全国人心为之一振。特别是在喜峰口、罗文峪战斗中，第二十九军官兵手持大刀，拼死肉搏，予日军以大量杀伤。后来风靡全国的《大刀进行曲》，虽然是在全国抗战爆发后创作的，但其题材源于此。由于国民党政府坚持"攘外必先安内"方针，驻守长城的中国军队得不到有力的支援，奋战两个多月，伤亡惨重，终归失败。

日军在侵占长城各口的同时，一面侵占察哈尔省东部的多伦、张北等 7 县，一面南进侵占河北省的密云、平谷（今属北京市）等地。已经侵占冀东的日军强渡滦河西进，到 5 月下旬占领唐山、玉田、三河、香河等县，直逼通县，造成包围平津的态势。5 月 31 日，国民党政府军事委员会北平分会总参议熊斌与日本关东军副参谋长冈村宁次签订《塘沽协定》。这个协定，实际上承认了日本对中国东北三省和热河省的侵占，这就使整个华北门户洞开，为日军进一步扩大侵略提供了条件。

5 月 26 日，冯玉祥在张家口成立察哈尔民众抗日同盟军。以冯玉祥为首的抗日同盟军得到共产党人的大力帮助，也得到群众的广泛支持，队伍很快由数千人发展到 10 万余人。6 月中旬，抗日同盟军在张家口召开军民代表大会，通过关于同盟军的纲领等决议案。会后，冯玉祥任命吉鸿昌为北路前敌总指挥，方振武为北路前敌总司令，率部北上迎击日、伪军。6月下旬至7月初，抗日同盟军连克康保、宝昌、沽源等县，于7月12日收复察北重镇多伦，并乘胜收复察哈尔省全部失地，全国人民为之振奋。国民党政府对抗日同盟军采取软硬兼施的政策，先后调集16个师共15万余兵力进行"围剿"，并对冯玉祥部下进行政治拉拢和分化瓦解。冯玉祥在内外交困、腹背受敌的情况下，被迫于8月5日通电宣布将察哈尔省军政大权交国民党政府任命的察哈尔省主席宋哲元办理，随后撤销抗日同盟军总部。察哈尔民众抗日同盟军虽然遭到失败，但中国共产党开创的同部分国民党人局部合作抗日的新局面及其经验，对于推动全国抗日运动，促进国共两党以后的合作抗日，产生了积极影响。

绥远省是连接华北和西北的战略要地，日本侵略者认为，控制了这一地区，北可向苏联出击，南可抵华北腹地。为此，日军从1935年夏起制订了政治谋划和军事进攻两手并用夺取绥远的计划。从1936年8月初开始，日本指使它在内蒙古扶植的傀偏军政府先后出兵进攻绥东和绥北地区。绥远省主席兼第三十五军军长傅作义率部进行抵抗。11月15日，关东军派遣内蒙古特务机关长田中隆吉直接指挥日、伪军5000余人，分3路向绥东门户红格尔图镇的中国守军阵地发动猛烈攻击。傅作义秘密快速集结兵力，并亲赴集宁前线指挥作战。经7天7夜激战，红格尔图守军顽强抵抗，打退了日、伪军的进犯。初战告捷后，傅作义决定先发制人、主动出击，指挥所部于11月24日向百灵庙地区守敌发起猛攻，全歼日、伪军1300余人，一举收复绥北重地百灵庙。12月3日，傅作义部又粉碎日、伪军4000余人对百灵庙的反扑，歼敌700余人。12月9日，傅作义部乘胜克复另一战略要地锡拉木楞庙（即大庙）。傅作义部三战三捷，肃清了绥远境内的伪军，挫败了日军西侵绥远、建立"蒙古国"的图谋。这给全国人民很大鼓舞，全国各地掀起援绥抗日的热潮。中国共产党对绥远抗战给予高度评价。11月21日，毛泽东、朱德在致傅作义的贺电中称其"为中华民族争一口气，为中国军人争一口气"，对于他"孤军抗日，迭获胜利"表示祝贺和声援，并派代表团赴绥慰问。

从长城抗战到绥远抗战，这些作战虽然大都以失利而告终，但反映了中国爱国官兵抗击日本侵略者的勇气和斗志，打击了日军的侵略气焰，延缓了日本军国主义对华北的大举进犯，是中国抗日战争的重要组成部分。

（三）中国共产党号召武装抗日

从九一八事变发生起，中国共产党就坚决主张实行武装抗日。事变发生第三天，9月20日，中共中央发表《中国共产党为日本帝国主义强暴占领东三省事件宣言》，响亮地提出："反对日本帝国主义强占东三省！立刻撤退占领东三省的陆海空军！自动取消一切不平等条约！"9月30日，中共中央又发表《中国共产党为日本帝国主义强暴占领东三省事件第二次宣言》。11月27日，中华苏维埃共和国临时中央政府发表对外宣言，号召全国人民动员起来，武装起来，反对日本的侵略和国民党的反动统治。1932年1月1日，中共中央发表《中国共产党对于时局的主张》，号召把日本的海陆空军驱逐出中国去，把东三省完全收回。4月15日，《中华苏维埃共和国临时中央政府宣布对日战争宣言》提出，领导全中国工农红军和广大被压迫民众，以民族革命战争驱逐日本帝国主义出中国。

东北三省的中共党组织号召民众奋起抗日。九一八事变发生第二天，9月19日，中共满洲省委发表《为日本帝国主义武装占领满洲宣言》，号召民众抵抗日本帝国主义侵略。中共满洲省委指示东北各地党组织，加强同群众性的抗日义勇军的联系，并组织党领导的抗日武装，开展抗日斗争。中共中央派杨靖宇、赵尚志、周保中、赵一曼等到东北，加强各级党组织的领导力量。从1932年起，中共满洲省委和东北各地党组织先后领导创建了由汉、满、朝鲜、蒙古、回等民族的爱国志士参加的10余支抗日游击队，开展游击战争。在南满地区，有杨靖宇、李红光领导的南满游击队（原磐石游击队）、海龙游击队。在东满地区，有童长荣、王德泰等人领导的汪清、珲春、和龙、延吉和安图等多支抗日游击队。在吉东地区，有周保中、李延禄、李荆璞和崔石泉（崔庸健）等人分别领导的抗日救国游击军、宁安工农反日义务总队和饶河农工义勇军。在北满地区，有赵尚志、冯仲云、张甲洲等人分别领导的珠河东北反日游击队、汤原反日游击队和巴彦游击队等。中国共产党直接领导的抗日游击队相继建立，逐渐成为东北地区主要的抗日武装力量。这些抗日游击队从成立之日起，就表现出强大的战斗力和战斗精神。1933年1—5月，杨靖宇指挥的南满游击队与日、伪军作战60余次，打退日军4次大围攻，歼敌近千人。东满游击队自1932年秋至1934年春，与日、伪军进行大小几百次战斗，打破了日、伪军的两期"讨伐"。1933年上半年，吉东地区的抗日游击队与日、伪军进行磨刀石、八道河子和东京城等战斗，毙伤日军100多人，迫使1000余伪军反正。1934年4月，赵尚志率领珠河游击队在庙岭战斗中歼灭日、伪军300多人；5月又攻入宾县县城，全歼守城日军。中国共产党领导的抗日游击队在斗争中不断壮大，相继建立了南满、东满、吉东和北满等游击区，给日、伪军以沉重打击，将东北抗日游击战争推向新的阶段。

在民族危机日益严重的形势下，中国共产党继续高举抗日的旗帜。1933年1月17日，中共驻共产国际代表团根据共产国际执委会第十二次全会精神和中共代表团讨论的意见，以中华苏维埃共和国中央执行委员会主席毛泽东、副主席项英、张国焘和中国工农红军革命军事委员会主席朱德名义起草的宣言正式发表，首次提出中国工农红军准备在3个条件下同任何武装部队订立共同对日作战的协定。这 3 个条件是：（一）立即停止进攻苏维埃区域；（二）立即保证民众的民主权利（集会、结社、言论、罢工、出版之自由等）；（三）立即武装民众创立武装的义勇军，以保卫中国及争取中国的独立统一与领土的完整。1 月 26 日，中共驻共产国际代表团又以中共中央的名义发出《中共中央给满洲各级党部及全体党员的信——论满洲的状况和我们党的任务》（即"一·二六指示信"）。信中指出：日本侵占东北后，"不仅满洲的工人农民苦力小资产阶级（小手工业者，学生，城市贫民）对日本侵略者及其走狗表示极端敌视，而且有一部分的有产阶级直到现在对侵略者抱敌视态度"。因此，要"尽可能的造成全民族的（计算到特殊的环境）反帝统一战线来聚集和联合一切可能的，虽然是不可靠的动摇的力量，共同的与共同敌人——日本帝国主义及其走狗斗争"。指示信在说明对各种游击队的政策时，除继续强调建立下层统一战线外，也提出"在某种程度和范围内，或能实行上层的统一战线"，"与民族资产阶级的某一部分实行统一战线"。5 月 15 日，中共满洲省委扩大会议作出关于接受中央"一·二六指示信"的决议，明确指出应"联合一切反日力量，开展反日反帝斗争与反日游击运动"，并建立抗日联合军指挥部，以实现抗日武装的统一战线。

中国共产党提出的在 3 个条件下同任何武装部队联合抗日的主张以及"一·二六指示信"，适应形势发展的要求，表明党已经开始调整政策，朝着建立全民族的抗日统一战线迈进了一步。尽管这时党内"左"倾关门主义的方针还没有根本改变，又由于国民党统治集团仍然坚持反共内战和对日妥协的政策，建立抗日统一战线的主张还难以很快在全国范围内实现，但这一主张对推进全国的抗日民主浪潮，对促进一部分国民党爱国军队和爱国人士同共产党人合作抗日，产生了积极的作用。

（四）华北事变和一二·九运动

华北是中国的政治、经济、文化中心地区之一，当时包括河北、山东、山西、察哈尔、绥远5省和北平、天津两市。日本侵略者在侵占中国东北后，加紧了对华北的争夺，整个华北危在旦夕。1935年，日本强迫国民党当局与之签订出卖华北地区权益的"何梅协定"和"秦土协定"，迫使国民党"中央军"撤出平津和河北，使察哈尔省的主权大部分丧失。接着，日本又策划所谓华北五省"自治"运动，企图把华北变成第二个"满洲国"，并向华北大举调兵。日本特务机关策动汉奸在北平近郊的通县成立包括22个县的"冀东防共自治政府"。此后，南京政府同意在北平成立拥有一定自治权的冀察政务委员会，管辖河北、察哈尔及北平、天津，以此来迁就日本关于"华北自治"的要求。冀察政务委员会的成立，改变了华北行政传统和行政机构，冀、察两省实际上已变相"自治"。

平津上空乌云密布，整个华北危在旦夕。华北事变使中华民族的危机更加深重，抗日救亡运动再掀高潮。面对日本的步步进逼，北平学生发出悲愤的呐喊："现在，一切幻想，都给铁的事实粉碎了！'安心读书吗'？华北之大，已经安放不得一张平静的书桌了！"在中共北平临时工作委员会领导下，在北平市大中学校学生联合会（简称"北平学联"）组织下，忍无可忍的北平学生在 12 月 9 日举行声势浩大的抗日救亡游行。清华大学、燕京大学等城外学生被军警阻拦，在西直门同军警发生冲突。城内一两千名学生冲破军警包围，到新华门前请愿。由于请愿没有结果，他们把请愿改为示威游行，高喊"打倒日本帝国主义""反对冀察政务委员会的成立""反对华北自治""停止内战，一致抗日""武装保卫华北"等口号。当游行队伍到达王府井大街时，人数已增加到 3000 人。军警突然用水龙向学生喷射，并挥舞皮鞭、枪柄、木棍从两侧夹击过来。游行队伍被打散，有 30 多名学生被捕，100 多名学生受伤。但是学生们没有屈服，第二天，北平各校学生举行全市总罢课，著名的一二·九运动爆发。

为抗议国民党政府对学生爱国运动的镇压，在北平学联领导下，从 12 月 10 日起，北平各校学生宣布实行全市总罢课。12 月 14 日，北平的报纸登载国民党当局决定在 12 月 16 日成立冀察政务委员会的消息后，学联立即决定在 16 日再次发动大规模的示威游行。12 月 16 日，北平部分大中学校学生突破军警阻拦，汇集到天桥广场，召开市民大会。与会者达 3 万余人。在市民大会上，通过了"不承认冀察政务委员会""收复东北失地"等决议案，会后举行了大规模的示威游行。这再次遭到反动军警的血腥镇压，学生被捕者数十人，受伤者 300 余人。慑于群众爱国运动的压力，国民党当局被迫宣布冀察政务委员会延期成立。

一二·九运动的风暴迅速波及全国，中国人郁积在心中的悲愤终于像火山一样喷发出来。从 12 月 11 日开始，天津、保定、太原、西安、济南、杭州、上海、武汉、宜昌、成都、重庆、广州、南宁等大中城市先后爆发学生的爱国集会和示威游行。许多地方的工厂也举行罢工。上海和其他地方的爱国人士和爱国团体成立各界救国会，发出通电，出版各种救亡刊物，要求停止内

◎ 一二·九运动中，清华大学学生在街头演讲

战，出兵抗日。海外侨胞和在外国留学的学生团体，也通过发表宣言等形式，支持国内人民的爱国行动。12月下旬，在中共地方党组织的领导下，北平学联组织平津南下扩大宣传团，到河北农村进行抗日宣传，走上同工农相结合的道路。在宣传团的基础上，又成立中华民族解放先锋队（简称"民先队"），很快发展到 2 万多人，对团结广大青年、促进抗日救亡运动发挥了重要作用。上海、武汉、济南等地学生也纷纷下乡宣传。一些原来不愿意参加政治活动的教授、学者也发表文章，主张抗日。抗日救亡斗争发展成为汹涌澎湃的全国规模的群众运动。

一二·九运动揭露了日本吞并华北进而独占中国的阴谋，打击了国民党的妥协退让政策，极大地促进了中华民族的觉醒，标志着中国人民抗日救亡运动新高潮的到来。一二·九运动中的先进知识青年，走上与工农群众相结合的道路，为抗日战争和中国革命事业准备了一大批骨干力量。正如毛泽东所指出的：一二·九运动是"动员全民族抗战的运动，它准备了抗战的思想，准备了抗战的人心，准备了抗战的干部"，"将成为中国历史上的一个非常重要的纪念"。

（五）"八一宣言"和瓦窑堡会议

全国抗日救亡运动新高潮的兴起表明，此时的中国已处在政治大变动的前夜。把各种要求抗日的力量汇合起来，组成抗日民族统一战线，共御外敌，这一使命历史地落在中国共产党身上。能否完成这个任务，是党能否开创中国革命新局面的关键。

当华北危机日趋严重的时候，中共中央和红军正在长征路上。1935年七八月间，共产国际第七次代表大会在莫斯科召开。会上，季米特洛夫作了《关于法西斯的进攻以及共产国际在争取工人阶级团结起来反对法西斯的斗争中的任务》的报告。报告提出，在殖民地和半殖民地国家，共产党和工人阶级的首要任务，在于建立广泛的反帝民族统一战线，为驱逐帝国主义和争取国家独立而斗争。这次大会把建立最广泛的世界反法西斯统一战线作为各国共产党的基本策略。8月1日，中共驻共产国际代表团草拟了《中国苏维埃政府、中国共产党中央为抗日救国告全体同胞书》（即"八一宣言"），10月1日正式以中华苏维埃共和国中央政府和中国共产党中央委员会的名义在法国巴黎出版的《救国报》上发表。这时，在国民党统治区，公开出版的报刊不允许宣传抗日。"八一宣言"经过《救国报》和莫斯科出版的《国际新闻通讯》等报刊传到北平、上海等地后，产生了很大影响。

"八一宣言"沉痛地写道："领土一省又一省地被人侵占，人民千万又千万地被人奴役，城村一处又一处地被人血洗，侨胞一批又一批地被人驱逐，一切内政外交处处被人干涉，这还能算什么国家！？这还能算什么民族！？""同胞们！中国是我们的祖国！中国民族就是我们全体同胞！我们能坐视国亡族灭而不起来救国自救吗？"宣言明确提出："抗日则生，不抗日则死，抗日救国，已成为每个同胞的神圣天职！"宣言强调建立包括上层在内的统一战线，扩大抗日民族统一战线的范围。为此，宣言向全国各党派、各军队、各界同胞发出呼吁："无论各党派间在过去和现在有任何政见和利害的不同，无论各界同胞间有任何意见上或利益上的差异，无论各军队间过去和现在有任何敌对行动，大家都应当有'兄弟阋于墙外御其侮'的真诚觉悟，首先大家都应当停止内战，以便集中一切国力（人力、物力、财力、武力等）去为抗日救国的神圣事业而奋斗。"宣言再次宣告：只要国民党军队停止进攻苏区，实行对日作战，红军愿立刻与之携手，共同救国。宣言最后提出了抗日救国十大纲领。

"八一宣言"公布之时，正在长征途中的中共中央并未获悉宣言的内容，但已从华北事变加深民族危机的形势出发，开始考虑建立更广泛的抗日民族统一战线问题。刚刚到达陕北不久，中共中央即于1935年11月13日发布《为日本帝国主义并吞华北及蒋介石出卖华北出卖中国宣言》。11月中旬，中共驻共产国际代表团派张浩（林育英）由苏联回国到达陕北瓦窑堡，向中共中央传达共产国际关于建立广泛的反法西斯统一战线的精神和"八一宣言"的内容。不久，中共中央以中华苏维埃共和国中央政府主席毛泽东、中国工农红军革命军事委员会主席朱德的名义，于11月28日发表了与"八一宣言"内容基本相同的

《中华苏维埃共和国中央政府、中国工农红军革命军事委员会抗日救国宣言》。

12月17—25日，刚刚在陕北站稳脚跟的中共中央在陕西安定县（今子长市）瓦窑堡召开政治局扩大会议（瓦窑堡会议），讨论军事战略问题、全国政治形势和党的策略路线问题。毛泽东在会上指出：战略方针应是坚决的民族革命战争，首先把国内战争与民族战争相联系，一切战争都在民族战争的口号下进行。他认为：中国的民族资产阶级有两重性，是可以争取的。会议通过了由张闻天起草的《中共中央关于目前政治形势与党的任务的决议》。决议指出："目前政治形势已经起了一个基本上的变化，在中国革命史上划分了一个新时期。"根据对这种政治形势的分析，决议提出了党的策略任务，指出："日本帝国主义吞并中国的行动，震动了全中国与全世界。中国政治生活中的各阶级，阶层，政党，以及武装势力，重新改变了与正在改变着他们之间的相互关系……因此，党的策略路线，是在发动，团聚与组织全中国全民族一切革命力量去反对当前主要的敌人：日本帝国主义与卖国贼头子蒋介石。"决议强调："关门主义是党内的主要危险。"决议在提出建立抗日民族统一战线的同时，明确提出必须更深刻地了解革命领导权的问题。为了适应建立抗日民族统一战线的要求，决议规定将"工农共和国"改为"人民共和国"，同时改变不适应抗日要求的部分具体政策。

两天后，12 月 27 日，毛泽东根据瓦窑堡会议精神，在党的活动分子会议上作了《论反对日本帝国主义的策略》的报告。报告一开始就指出：目前形势的基本特点，就是日本帝国主义要变中国为它的殖民地。这种情形，就给中国一切阶级和一切政治派别提出了"怎么办"的问题。报告指出：中国的工人和农民都是要求反抗的，小资产阶级也是要反抗的，民族资产阶级的态度在今天的时局下有起变化的可能性。"国民党营垒中，在民族危机到了严重关头的时候，是要发生破裂的。"报告明确指出："把这个阶级关系问题总起来说，就是：在日本帝国主义打进中国本部来了这一个基本的变化上面，变化了中国各阶级之间的相互关系，扩大了民族革命营垒的势力，减弱了民族反革命营垒的势力。"因此，"党的任务就是把红军的活动和全国的工人、农民、学生、小资产阶级、民族资产阶级的一切活动汇合起来，成为一个统一的民族革命战线"。"组织千千万万的民众，调动浩浩荡荡的革命军，是今天的革命向反革命进攻的需要"。报告强调："党的基本的策略任务是什么呢？不是别的，就是建立广泛的民族革命统一战线。"毛泽东特别指出，共产党必须以自己彻底的反日、反汉奸卖国贼的言论和行动去取得统一战线的领导权。

瓦窑堡会议是在从土地革命战争到抗日战争的转变过程中召开的一次重要会议。瓦窑堡会议决议和毛泽东的报告说明，党已经纠正了"左"倾冒险主义和关门主义的方针，不失时机地制定了抗日民族统一战线的新策略，使党在新的历史时期将要到来时掌握了政治上的主动权。同时也表明，党在继遵义会议着重解决军事路线问题和组织问题之后，努力地在解决政治路线问题。它向全党证明，在总结成功和失败的经验教训基础上，党已经成熟起来，能够从中国的实际情况出发，创造性地开展工作。

瓦窑堡会议结束后，为扩大抗日武装和根据地，红一方面军以"中国人民红军抗日先锋军"的名义，在毛泽东、彭德怀率领下，从陕北渡过黄河，进入山西，发起东征战役。在取得重要战果的情况下，为了顾全抗日大局，以实际行动表示团结抗战的诚意，红军于1936年5月5日发表著名的《停战议和一致抗日通电》（即"五五回师通电"），表示放弃"抗日反蒋"的口号，呼吁国民党政府团结御侮，在全国范围内，首先是在陕甘晋停止内战，双方派代表磋商抗日救亡的具体办法。5月初，东征红军全部撤回黄河以西。

（六）推动建立抗日民族统一战线

瓦窑堡会议结束后，中国共产党采取切实措施，开展统一战线工作，积极推进一二·九运动后日益高涨的抗日救亡运动浪潮。

1936年春，中共中央派刘少奇到天津，以中央驻北方局代表身份主持北方局工作，加强党对抗日救亡运动的领导。此时，平津学生的抗日救亡运动在国民党当局的严厉镇压下，暂时处于低潮。刘少奇到天津后，根据瓦窑堡会议精神，先后发表《肃清关门主义与冒险主义》等文章，对党的路线、方针作了系统阐述；强调要把着眼点放在蓄积力量、准备决战上，要长期深入群众，做艰苦细致的工作，巩固并扩大抗日民族统一战线，保存并加强自己的力量和阵地；针对平津学生运动中出现的问题，着重提出要正确地对待教师和学校当局，正确地对待第二十九军和宋哲元，鼓励他们向好的方面走。他用很大力量重建和加强遭受严重破坏的华北各地党组织，打开了新的工作局面。

1936年上半年，中共中央和中共驻共产国际代表团先后派冯雪峰、潘汉年到上海，与那里的党组织重新建立联系，并积极开展统一战线工作。同年5月，爱国人士宋庆龄、沈钧儒、邹韬奋、陶行知、章乃器等在上海发起成立全国各界救国联合会，主张"停止内战，一致抗日"。上海、南京、北平等地许多抗日救亡团体，先后加入全国各界救国联合会。接着，全国学生联合会成立，进一步推动全国青年的抗日救亡运动。

与此同时，尽可能地向国民党上层人士和军队将领宣传中国共产党的抗日主张。毛泽东、周恩来发出大量信件，呼吁停止内战，一致抗日。党对以张学良为首的东北军和以杨虎城为首的第十七路军的工作，取得突破性进展。瓦窑堡会议前后，毛泽东、周恩来等以传递信件等方式，已同张学良建立了联系。中共中央成立以周恩来为书记的东北军工作委员会，开展对东北军的工作。中共中央派联络局局长李克农两次去见张学良商谈合作抗日。1936年4月9日晚间，周恩来和张学良在延安一座教堂中秘密会见。双方一致同意停止内战、共同抗日，并对许多问题充分交换意见，达成协议。第十七路军总指挥、西安"绥靖"公署主任杨虎城是陕西地方实力派的首领。他有抗日的要求，也有一定的进步思想，同一些共产党员有过友好的关系。中共中央先后派汪锋、王世英等去见他，也同他达成合作的初步协议。到1936年秋，红军和东北军、第十七路军之间，实际上已停止敌对行动，初步形成"三位一体"的新局面。这是党的抗日民族统一战线政策在西北地区首先取得的重大胜利。

中共中央和北方局还通过各方面关系，争取阎锡山、宋哲元等华北地方实力派转向抗日，并同新疆的盛世才、四川的刘湘和刘文辉、云南的龙云、广东的陈济棠、广西的李宗仁和白崇禧等地方实力派，直接或间接地建立了联系。到1936年12月以前，中国共产党与晋、绥、察、冀、滇、桂、川、新、甘、陕等省的地方实力派之间已初步建立了联系，从而为形成广泛的抗日民族统一战线，为全民族抗战局面的形成创造了条件。

山西的上层统一战线工作也取得很大进展。1936年10月，受中共中央北方局派遣，共产党员薄一波等5人（后陆续增加到16人）以个人身份接受山西地方实力派阎锡山的邀请，到太原协助阎锡山从事抗战准备。北方局决定，成立中共山西（公开）工作委员会，直属北方局，专门领导公开合法的活动，从事上层统一战线工作，开展抗日救亡运动。当时山西有一个重要的抗日团体牺牲救国同盟会（简称"牺盟会"）。薄一波到山西后，于11月上旬担任牺盟会秘书，实际负责牺盟会工作。此后，牺盟会发展成为实际上由共产党领导的抗日民族统一战线组织，其组织从太原发展到全省各县。在它的推动下，山西各地的抗日救亡运动蓬勃兴起。从1937年年初起，中共山西（公开）工作委员会以主要力量投入培训军政干部的工作，为在山西组建抗日武装做了准备。

根据形势的发展变化，中共中央对国民党蒋介石的方针也发生变化，由抗日反蒋方针改变为逼蒋抗日方针。

华北事变后，蒋介石和国民党中央对日本的态度也发生了变化。蒋介石对日本一再退让，是建筑在依靠外交途径来解决中日问题的幻想上的。华北事变的发生，超出了南京政府所能容忍的限度，直接威胁到它的生存，迫使它不得不开始考虑调整对日政策。1935年11月19日，国民党第五次全国代表大会根据蒋介石的建议通过一个议案。蒋介石建议中有一句关键性的话："和平未到完全绝望之时，决不放弃和平；牺牲未到最后关头，亦决不轻言牺牲。"从这年冬开始，南京政府试图得到苏联的援助，并设法打通同中国共产党的联系。

在这之后，国共双方先后在上海、南京、莫斯科等地通过多种渠道进行秘密接触，两党高层之间中断8年多的联系逐渐接通。1936年2月，董健吾（化名周继吾，中共秘密党员，公开身份为牧师）受宋庆龄的派遣，带着南京方面表示要同中国共产党合作抗日的秘密信件，与赴陕北向中共中央汇报同南京谈判情况的共产党员张子华一起，到达陕北瓦窑堡，向中央递交密信，汇报情况。中共中央对此十分重视。3月4日，毛泽东、张闻天、彭德怀在致博古并转董健吾的电报中，提出同国民党谈判的5条意见①，并同意董健吾"即返南京，以便迅速磋商大计"。同月，刘长胜带着共产国际七大决议和"八一宣言"等文件，从苏联回国到达陕北。3月20—27日，中共中央晋西会议专门讨论了同南京政府谈判的问题。4月9日，毛泽东、彭德怀致电张闻天，提出目前不应发布讨蒋令，我们的旗帜是讨日令，在停止内战旗帜下实行一致抗日。4月25日，中共中央发表《为创立全国各党各派的抗日人民阵线宣言》，首次公开把国民党列为抗日民族统一战线的对象。5月5日发表的《停战议和一致抗日通电》不再称蒋介石为卖国贼，而称其为蒋介石氏。这实际上是公开宣布党的抗日反蒋政策已开始向逼蒋抗日政策转变。

---

① 这5条意见是：（一）停止一切内战，全国武装不分红白，一致抗日；（二）组织国防政府与抗日联军；（三）容许全国主力红军迅速集中河北，首先抵御日寇迈进；（四）释放政治犯，容许人民政治自由；（五）内政与经济上实行初步与必要的改革。

这时，由于蒋介石还没有联共抗日的诚意，所以国共两党虽进行了秘密接触，但谈判并没有结果。1936年上半年，蒋介石仍集聚重兵企图"围剿"陕甘根据地和红军。6月，发生两广事变，广东的陈济棠和广西的李宗仁、白崇禧等在广州召开会议，发表通电，并成立军事委员会和抗日救国军，宣布要北上抗日反蒋。这个事件表明，中日民族矛盾的发展，已经进一步影响到国民党的内部关系。7月10日，国民党召开五届二中全会。蒋介石在会上表示："对外交所抱的最低限度，就是保持领土、主权的完整"；"假如有人强迫我们欲订承认伪国等损害领土、主权的时候，就是我们不能容忍的时候，就是我们最后牺牲的时候"。这个讲话比1935年11月他在国民党五大上的讲话已有所进步。

根据形势的发展变化，8月10日，中共中央政治局召开会议。毛泽东在报告中指出：我们愿意与南京谈判，现在还是这个方针。"抗日必须反蒋"的口号，现在已不合适，要在统一战线下反对卖国贼。8月25日，中共中央发出致中国国民党中央委员会并转全体国民党员的信，倡议在抗日的大目标下，国共两党实行第二次合作。信中郑重地向国民党表示："我们愿意同你们结成一个坚固的革命的统一战线，如像一九二五至二七年第一次中国大革命时两党结成反对民族压迫与封建压迫的伟大的统一战线一样，因为这是今日救亡图存的唯一正确的道路。"信中强调："现在全国人民盼望两党重新合作共同救国之心是迫切到了万分，他们相信只有国共的重新合作以及同全国各党各派各界的总合作，才能真正的救亡图存。"在中共中央致国民党信发出以后，毛泽东于9月间分别致书宋庆龄、蔡元培、邵力子、李济深、李宗仁、白崇禧、蒋光鼐、蔡廷锴等，请他们阅览中国共产党致国民党信，并希望他们利用各自的资望和地位，积极响应和推动统一战线的组成。周恩来也先后致书曾养甫、陈果夫、陈立夫、蒋介石、胡宗南、陈诚、汤恩伯等，反复陈述"大敌在前，亟应团结御侮"的道理，希望蒋介石等"从过去之误国政策抽身而出，进入于重新合作共同抗日之域"。

为使全党了解放弃反蒋口号的必要性，1936年9月1日和17日，中共中央先后向党内发出《关于逼蒋抗日问题的指示》和《关于抗日救亡运动的新形势与民主共和国的决议》。指示中明确提出："目前中国的主要敌人，是日帝，所以把日帝与蒋介石同等看待是错误的，'抗日反蒋'的口号，也是不适当的。""我们的总方针，应是逼蒋抗日。"决议指出：在日本帝国主义者继续进攻，抗日救亡运动继续发展，国际形势发生新的变动等条件之下，国民党南京政府有转向参加抗日运动的可能。因此，"推动国民党南京政府及其军队参加抗日战争，是实行全国性大规模的严重的抗日武装斗争之必要条件"。从抗日反蒋到逼蒋抗日，这是党根据国内阶级关系变化的实际状况而作出的一个重大政策变动。

（七）东北抗日联军的艰苦斗争

中国的抗日战争，经历了由局部抗战到全国抗战的过程。局部抗战是从东北地区开始的。

九一八事变后，在东北三省，除各种抗日义勇军外，中国共产党领导的抗日武装紧紧依靠群众，直接同日本侵略者进行了极其艰苦的斗争。在斗争初期，中共临时中央的冒险主义和关门主义方针，曾给东北党组织的工作带来消极影响。1933年的"一·二六指示信"首次提出在东北组织全民族的抗日统一战线的策略方针，对指导东北地区的党组织转变斗争策略起了重要作用。中共满洲省委及时总结前一段工作的经验教训，决定扩大党独立领导的抗日游击队，执行民族革命统一战线的策略，反对关门主义。东北各地党组织和抗日游击队主动争取团结各种抗日力量，收编和改造各地义勇军，在抗日游击队基础上开始组建东北人民革命军。从1933年下半年到1936年年初，组建了杨靖宇任军长兼政治委员的东北人民革命军第一军，王德泰任军长、魏拯民任政治委员的第二军，赵尚志任军长的第三军，夏云杰任军长的第六军，以及李延禄任军长的东北抗日同盟军第四军，周保中任军长的东北反日联合军第五军，共6个军6000余人。各军在连以上各级普遍建立共产党和共青团组织，使部队的组织纪律性和战斗力不断提高。同时，实行游击战争的战略战术，依托山区，化整为零，大力开展抗日游击战争，粉碎日军的多次"讨伐"。东北人民革命军在极其艰苦的条件下英勇作战，涌现出许多民族英雄。第三军第二团政治委员赵一曼，在反日、伪军"讨伐"时被俘，受尽摧残、宁死不屈，于1936年8月2日在黑龙江省珠河县（今尚志市）英勇就义，表现出崇高的民族气节。赵一曼是四川宜宾人，1926年加入中国共产党，九一八事变后到东北。在东北从事革命活动期间，她曾以诗抒怀明志，写下充满革命豪情的七律《滨江抒怀》："誓志为国不为家，涉江渡海走天涯。男儿岂是全都好，女子缘何分外差？未惜头颅新故国，甘将热血沃中华。白山黑水除敌寇，笑看旌旗红似花。"

从1935年开始，东北地区党组织的工作改由中共驻共产国际代表团直接领导。1936年1月，根据中共驻共产国际代表团的指示，撤销中共满洲省委，成立南满、东满（后未正式成立）、吉东、松江（后成立的是北满临时省委）4个省委和哈尔滨特委。这一改变虽然加强了各地区党组织的领导，却使整个东北地区的党组织失去原满洲省委那样的统一领导，而要靠遥远的并不了解实际情况的中共驻共产国际代表团统一领导，这就不可避免地给东北地区的抗日斗争带来一些消极影响。

为进一步推动抗日民族统一战线的发展，中共驻共产国际代表团提出《为建立全东北抗日联军总司令部决议草案》，决定为适应反日统一战线的需要，统一全东北抗日军队的名称。中共驻共产国际代表团于 1936 年 2 月 10 日决定将东北人民革命军改称东北抗日联军。2 月 20 日，以杨靖宇、王德泰、赵尚志、周保中等和汤原游击队、海伦游击队的名义发表《东北抗日联军统一军队建制宣言》，说明根据全国抗日运动的发展，有进一步巩固抗日军队、统一抗日行动、改革抗日军队建制的必要。于是，东北各地抗日武装力量陆续改编为抗日联军各军，继续在各地区进行英勇的斗争，抗日游击战争获得进一步发展。

在东南满地区，活动着东北抗日联军第一、第二军。第一军于 1936 年春由东北人民革命军第一军正式改编而成，杨靖宇任军长兼政治委员，下辖 2 个师，约 3000 人，活动于以金川老游击区为中心的南满地区。3—5 月，打破日、伪军的春季大"讨伐"，使游击区得以扩大，全军发展到 6000 余人。第二军于 1936 年 3 月由东北人民革命军第二军正式改编而成，王德泰任军长，魏拯民任政治委员，下辖 3 个师，共 2000 余人。3—5 月，第二军除与第一军、第五军打通联系外，还扩大了游击区，部队发展到 5000 余人。7 月初，中共东满、南满特委组成南满省委，由魏拯民任书记；同时，将第一、第二军合编为东北抗日联军第一路军并成立总司令部，杨靖宇任总司令兼总政治委员，王德泰任副总司令。1936 年夏冬，第一路军先后两次派部队向辽西、热河地区西征，试图打通与中共中央及关内抗日军队的联系，但没有成功。这一时期，第一路军除据有抚松、濛江（今靖宇县）、通化等老游击区外，还在长白县境内和宁安南湖头新建或重建游击根据地，打开了东南满地区的抗日斗争局面。

在北满地区，活动着东北抗日联军第三、第六军。第三军于 1936 年 8 月 1 日以东北人民革命军第三军为基础改编而成，赵尚志任军长，先有 7 个师，后来又组建 3 个师，共 6000 余人，在松花江两岸开展游击战争。第六军于 1936 年 9 月由东北人民革命军第六军正式改编而成，夏云杰任军长，张寿篯（李兆麟）任代政治委员，下辖 7 个团，共 2000 余人，在以汤原县为中心的松花江下游地区开展抗日游击活动。1937 年年初夏云杰牺牲，由戴洪宾任军长，将 7 个团改编为 4 个师。第三、第六军的游击战争，巩固和发展了北满游击根据地，使松花江沿岸 10 余县的游击区连成一片。

在吉东地区，活动着东北抗日联军第四、第五、第七军。第四军于 1936 年 3 月由东北抗日同盟军第四军正式改编而成，李延禄任军长，后由李延平代理，先有 3 个师，后发展为 4 个师，活动于松花江南岸并向东发展到乌苏里江西岸。第五军于 1936 年 2 月由东北反日联合军第五军正式改编而成，周保中任军长，下辖 2 个师。5 月以后，除留少数部队在宁安地区坚持斗争外，主力向穆棱、密山、依兰地区发展。1937 年 3 月，第五军攻克依兰县城，并在依兰东部地区建立后方基地。第七军于 1936 年 11 月以东北抗日同盟军第四军第二师为基础扩编而成，陈荣久任军长，下辖 3 个师。1937 年 1 月，陈荣久在战斗中牺牲。此后，第七军分两路在乌苏里江沿岸和松花江下游开展游击战争，在巩固扩大虎（林）饶（河）游击根据地的同时，开辟了同（江）富（锦）新游击区。

东北抗日联军除了上述中国共产党直接领导的 7 个军以外，还有一些与中共有统战关系的抗日部队，经过中共的团结争取，也先后加入抗日联军行列。第八军于 1936 年 9 月由东北民众救国军改编而成，军长谢文东（1939 年叛变），共 300 余人，后发展到近 1000 人，主要在依兰、方正、延寿等地开展游击活动。第九军于 1937 年 1 月由吉林自卫军混成旅第二支队改编而成，军长李华堂（1939 年叛变），政治委员李熙山（许亨植），共 800 余人，后发展到 2000 余人，最初活动于汤原的汤旺河沟里一带，后转战于勃利、依兰、方正等地。第十军的前身是反满抗日救国义勇军，1936 年冬改编为东北抗日联军第十军，军长汪雅臣，共 1000 余人，主要活动于舒兰、苇河、五常一带。东北抗日联军独立师于 1936 年 5 月由东北人民革命军第三军方（正）依（兰）游击队改编而成，师长祁致中，共 800 余人，主要活动于勃利、富锦、桦川等地。

从 1936 年 2 月到 1937 年 7 月，东北抗日联军已编成 10 个军、1 个独立师，共 3 万余人，这是中国共产党实行抗日民族统一战线政策的重要成果。东北抗日联军在南起长白山麓、鸭绿江畔，北抵小兴安岭，东起乌苏里江，西至辽河东岸的辽阔地域，广泛开展游击战争，同日、伪军作战数千次，歼敌 1 万余人，挫败和打破了日、伪军百次"讨伐"，开辟了包括东南满、吉东、北满 3 大抗日游击区在内的广阔的东北敌后战场，将东北抗日游击战争推向高潮。东北抗日联军的英勇斗争，牵制了大量日伪军，支援、鼓舞和推动了全国的抗日斗争。

（八）和平解决西安事变

正当中共中央采取逼蒋抗日方针、推动国共重新合作的时候，一个突然的事件发生了。1936 年 12 月，发生了震惊中外的西安事变。西安事变及其和平解决，对促成以国共两党合作为基础的抗日民族统一战线的建立，起了重要的作用。

1936 年 10 月，蒋介石亲赴西安，逼迫张学良、杨虎城率部"剿共"；随即又到洛阳作"剿共"的军事部署，将其嫡系部队约 30 个师调到以郑州为中心的平汉、陇海铁路沿线，以便随时开赴陕甘地区。他把陈诚、卫立煌、蒋鼎文等军政要员召集到西安，扬言至多 1 个月即可消灭陕甘地区的红军，"荡平"中共的根据地。11 月 22 日深夜，国民党政府在上海逮捕全国各界救国联合会领袖沈钧儒、章乃器、邹韬奋、李公朴、沙千里、王造时、史良，随后移解苏州关押，成为轰动一时的"七君子事件"。救国会领导人的被捕激起全国各界人士的义愤，展开了声势浩大的营救活动。

张学良自从在西北地区实行联共抗日之后，曾多次力劝蒋介石停止内战、一致抗日，都被拒绝。12 月 4 日，蒋介石由洛阳返回西安，逼迫张学良、杨虎城率部开赴陕北"剿共"前线，由"中央军"在后接应督战；否则就要把东北军调往福建、第十七路军调往安徽，由"中央军"在陕甘"剿共"。西北地区上空战云密布。张学良、杨虎城连续几天向蒋介石反复进谏，却遭到他的严词训斥。12月7日下午，张学良到蒋介石的驻地临潼华清池，再次向他痛陈利害。两人争论了几个小时，张学良讲得声泪俱下。最后蒋介石把桌子一拍，厉声说："你现在就是拿枪把我打死了，我的剿共政策也不能变！"这样，就逼得张学良、杨虎城感到除发动"兵谏"外，已别无他路可走。

12月9日，西安城内1万余名学生为纪念一二·九运动一周年，举行请愿游行，要求停止内战、一致抗日。国民党特务竟开枪打伤学生。学生群情激愤，冲出城去，准备前往华清池蒋介石住地请愿。蒋介石指令张学良实行武力镇压。张学良赶到灞桥劝阻学生。他为慷慨陈词的学生们的爱国热忱所感动，答应在一星期内用事实回答他们的要求。张学良在10日、11日又两次向蒋介石进谏，竟被蒋斥为"犯上作乱"。事已至此，张学良、杨虎城决心发动"兵谏"。

12月12日凌晨，东北军一部以迅速行动包围临潼华清池，扣押了蒋介石。同时，第十七路军控制西安全城，囚禁了陈诚、卫立煌、蒋鼎文、朱绍良等随同蒋介石到西安的国民党军政要员。张学良、杨虎城向全国发出通电，提出8项主张：（一）改组南京政府，容纳各党各派，共同负责救国。（二）停止一切内战。（三）立即释放上海被捕之爱国领袖。（四）释放全国一切政治犯。（五）开放民众爱国运动。（六）保障人民集会结社一切政治自由。（七）确实遵行总理遗嘱。（八）立即召开救国会议。这便是震惊中外的西安事变。

西安事变在南京政府中引起极大震动，出现了讨伐张学良、杨虎城和同张、杨进行谈判以营救蒋介石两种对立主张。倾向于亲日的军政部部长何应钦，在取得指挥调动军队的大权后，立即调遣军队准备进攻西安。亲英美派的蒋介石亲属宋美龄、孔祥熙、宋子文等，不顾何应钦的反对，为和平解决西安事变、营救蒋介石而展开活动。

中国共产党在事变前没有与闻这件事。事变一发生，张学良立刻在当夜电告中共中央，希望听取中共的意见。毛泽东、周恩来接电后，立即复电，表示拟派周恩来前往西安商量大计，并提议做好军事部署。12月13日，中共中央举行政治局常委会扩大会议，讨论西安事变问题。会上，毛泽东首先作报告，指出这次事变是革命性的，是抗日反卖国贼的，它的行动，它的纲领，都有积极意义。我们对这次事变，应明白表示拥护。毛泽东最后作结论说：现在处在一个历史事变的新阶段，前面摆着很多道路，也有许多困难。为了争取群众，我们对西安事变不轻易发言。我们不是正面反蒋，而是具体指出蒋介石个人的错误，不把反蒋抗日并列。

12月17日，周恩来等作为中共中央代表乘张学良的专机飞

◎ 应张学良邀请赴西安参加谈判的中共代表（右起：周恩来、叶剑英、秦邦宪）

抵西安。周恩来与张学良商谈了关于正确解决西安事变的问题，并说明对张学良、杨虎城发动西安事变的用意和主张，中共中央持充分肯定的态度。12月18日，周恩来致电中共中央，报告外界对西安事变的反应，并陈述个人对于解决事变的意见。同日，中共中央致电国民党，进一步提出和平解决西安事变的条件。对西安事变应如何解决，中共中央在弄清情况后认为：如果把南京置于同西安对立的地位，有可能造成对中华民族极端危险的新的大规模内战，这是日本和亲日派所欢迎的。现在，仍有可能争取西安事变和平解决，从而为结束内战、一致抗日创造条件，因而主张用和平方式解决西安事变。12月19日，中共中央召开政治局扩大会议，全面分析西安事变的性质和发展前途，讨论力争和平解决西安事变的有关问题。中共中央分析国际国内复杂紧张的政治形势，从中华民族和中国人民的长远利益出发，经过反复研究，确定了和平解决西安事变的基本方针。

西安事变发生后，中共中央虽从苏联报刊的反应中对共产国际解决事变的态度已有所了解，但不赞成苏联关于西安事变是亲日派的阴谋这种估计。12月16日，共产国际总书记季米特洛夫致电中共中央，提出用和平方式解决西安事变的意见，但因电码错乱完全不能译出。中共中央要求共产国际重新拍发电报。中国共产党关于和平解决西安事变的方针，是独立自主地制定的。

南京方面在了解张学良、杨虎城和中国共产党都希望事变和平解决的态度后，于12月22日派宋子文、宋美龄到西安谈判。经过两天商谈，同宋子文、宋美龄最后达成6项条件：（一）改组国民党和国民政府，驱逐亲日派，容纳抗日分子；（二）释放上海爱国领袖，释放一切政治犯，保证人民的自由权利；（三）停止"剿共"政策，联合红军抗日；（四）召集各党各派各界各军的救国会议，决定抗日救亡方针；（五）与同情中国抗日的国家建立合作的关系；（六）实行其他具体的救国办法。12月24日晚，周恩来在宋氏兄妹陪同下会见蒋介石，当面向他说明中国共产党抗日救国的政策。蒋介石当面向周恩来表示"停止剿共，联红抗日"。蒋介石要求不采取签字形式，而以他的人格担保履行这些条件。

第二天，张学良陪同蒋介石乘飞机离开西安回南京。一到南京，蒋介石立刻扣留了张学良。消息传出后，西安出现动荡不安的局势。周恩来在非常困难的情况下，坚定而细致地进行工作，终于基本保持了西安事变和平解决的成果。

西安事变的和平解决，成为时局转换的枢纽。它粉碎了亲日派和日本帝国主义者的阴谋，促进了中共中央逼蒋抗日方针的实现。事变和平解决后，内战在事实上大体停止下来，国内和平初步实现，国共关系取得迅速发展。西安事变显示出在全国范围内，包括国民党营垒内部，实现团结抗日的要求已非常强烈。中国共产党在这次事变中不是乘蒋介石之危，而是力主和平解决，充分表明了对团结抗日的诚意。西安事变在国共两党重新合作的客观形势逐渐成熟的时候，起了促成这个合作的作用。在抗日的前提下，国共两党实行第二次合作已成为不可抗拒的大势。正如毛泽东在 12 月 27 日中共中央政治局会议上所指出的："西安事变成为国民党转变的关键。没有西安事变，转变时期也许会延长，因为一定要有一种力量来逼着他来转变。""十年的内战，什么来结束内战？就是西安事变。"

（九）抗日民族统一战线初步形成

为了促进国共合作的实现，中共中央于 1937 年 2 月 10 日发表《中共中央致中国国民党三中全会电》，提出 5 项要求和 4 项保证。5 项要求是：（一）停止内战，一致对外；（二）保障言论、集会、结社的自由，释放一切政治犯；（三）召开各党各派各界各军的代表会议，集中全国人才，共同救国；（四）迅速完成对日作战的一切准备工作；（五）改善人民生活。4 项保证是：（一）停止武力推翻国民党政府的方针；（二）工农政府改名为中华民国特区政府，红军改名为国民革命军；（三）特区实行彻底的民主制度；（四）停止没收地主土地的政策，坚决执行抗日统一战线的共同纲领。电文提出：如果国民党将 5 项要求定为国策，中国共产党愿意实行 4 项保证。这是对国民党的重大让步。这种让步是有原则的，也是必要的，因为只有这样，才能结束国内两个政权的对立，实现国共合作，一致反抗日本的侵略。

中国共产党提出的 5 项要求和 4 项保证在全国引起巨大反响，也得到国民党内部抗日派的赞同，反映出这种要求已有相当的普遍性。这个电文发表后，宋庆龄、何香凝、冯玉祥等赞成共产党的建议，在 2 月 15 日召开的国民党五届三中全会上，提出恢复孙中山的联俄、联共、扶助农工的三大政策案，呼吁国共两党第二次合作，联合抗日。这次全会虽然还没有制定出明确的抗日方针，没有检讨国民党过去政策上的错误，但确定了和平统一、修改选举法、扩大民主、释放政治犯等项原则。这表明以蒋介石为首的国民党当局，正在接受中国共产党倡导的国共两党合作抗日的主张。

4 月 5 日是中国传统的清明节。中国共产党和国民党分别派代表赴位于陕西黄陵县桥山的黄帝陵，公祭中华民族的始祖轩辕黄帝。中国共产党代表林祖涵（林伯渠）、国民党代表张继分别宣读祭黄帝陵文。毛泽东亲笔撰写的中国共产党的《祭黄帝陵文》，气势磅礴、大气恢宏，表达了全民族团结抗战的意志，喊出了四万万华夏儿女的心声："……各党各界，团结坚固，不论军民，不分贫富。民族阵线，救国良方，四万万众，坚决抵抗。民主共和，改革内政，亿兆一心，战则必胜。还我河山，卫我国权，此物此志，永矢勿谖……"任弼时曾指出，这篇祭文是中国共产党人和中华民族奔赴前线誓死抗日的"出师表"。

◎ 国共两党代表同祭黄帝陵

　　5月下旬，国民党派出的由涂思宗、萧致平率领的国民政府军事委员会委员长西安行营考察团（简称"中央考察团"）到达延安。毛泽东、朱德等中共中央领导人会见考察团并合影留念。在延安期间，考察团考察了中国人民抗日军事政治大学、中共中央党校和红军部队，受到中共中央和延安各界群众的热情欢迎。中央考察团表示愿将延安各界对国共两党合作的愿望和诚意转达南京政府，以促进对日抗战的迅速实现。

　　在这期间，中国共产党同国民党的谈判取得明显进展。为了敦促蒋介石履行在西安事变中承诺的6项条件，促进国民党早日实行联共抗日的政策，中国共产党决定应蒋介石在1937年

1 月间发出的邀请，派代表直接同国民党代表进行谈判。从 2 月开始到 7 月全国抗战爆发前，中共中央先后派周恩来、叶剑英、林伯渠、博古等同国民党代表顾祝同、贺衷寒、张冲以及蒋介石、宋子文等人，在西安、杭州、庐山等地，围绕国共合作问题、红军改编问题、陕甘宁边区的地位问题、停止进攻西路军和南方游击根据地的中共军队问题进行了谈判。尽管局势发展中还有跌宕起伏，但停止内战的大势已经出现，国共两党的高层谈判已经开始，历史潮流已经不可逆转地向着实行团结抗日的新阶段过渡。

（十）进行全国抗战的准备

抗日民族统一战线的初步形成，奠定了中国全民族抗战的政治基础。国共两党着眼于各自的实际情况，分别从不同方面加快了全国抗战的准备。

华北事变特别是西安事变和平解决后，掌握全国政权和国家资源的国民党政府加快了抗战准备的步伐。在军事部署方面，1936 年年初，国民党政府制定该年度国防计划大纲草案，明确规定在全国范围内划分"抗战区""警备区""绥靖区""预备区" 4 种区域。计划大纲确定了对日作战的总方针，即：抵敌于内陆之外，依靠阵地阻击战，迟滞敌人入侵。为此，在"抗战区"内又划出晋察、晋绥、山东、江浙、福建、粤桂防卫区，并详细确定了各区驻军部署和防卫线。在领导体制方面，7月，国民党五届二中全会决定组织国防会议，其任务是讨论国防方针及有关重要问题。1937年3月，决定设立国防委员会，作为全国国防最高决策机关，对国民党中央执行委员会政治委员会负责。该机构正、副主席分别由国民党中央执行委员会政治委员会正、副主席兼任，成员包括党、政、军各方面高级长官，这是国民党政府建立党、政、军一元化战时领导体制的开始。在军费投入方面，通过了1937年度军费预算，在普通军费预算4.12亿元的基础上，增加国防建设专款2.22亿元，使整个国防预算达到6.34亿元。这是九一八事变以来国民党政府拨付的第一笔用于加强国防的巨额军费。在军队建设方面，1935年1月，国民党政府召开军事整理会议，决定加强对全国军队的整理训练。至1937年7月，共完成85个调整师、整理师和92个独立旅，还整建了部分技术兵种部队。为了解决兵员补充问题，国民党政府于1936年3月1日明令实施兵役法，并将全国划分为60个师管区，负责征集兵员，进行后备兵员的动员和训练。此外，在国防工程、国防工业和交通建设等方面都投入较多人力物力财力，进行了一定准备。国民党政府的抗战准备，在一定程度上为以后的全国抗战创造了有利条件。但是，这种准备还是很不充分的，特别是长期"剿共"消耗大量国力，对抗战准备造成了不利影响。

中国共产党进行了各方面准备，满怀信心地迎接全国抗日高潮的到来。1937 年 1 月 13 日，中共中央领导机关由瓦窑堡迁驻延安。此后，延安成为指引中国革命方向、照耀中华民族前程的灯塔。

5 月 2—14 日，中共中央在延安召开党的全国代表会议（当时称"苏区代表会议"）。会上，毛泽东作《中国共产党在抗日时期的任务》的报告和《为争取千百万群众进入抗日民族统一战线而斗争》的结论。毛泽东在报告中分析中日矛盾上升为主要矛盾，以及国民党的政策由内战、独裁和对日不抵抗开始向和平、民主和抗日转变的总形势，提出了巩固和平、争取民主和早日实现抗战的三位一体的任务。报告深刻总结第一次国共合作的历史经验教训，阐明了在抗日民族统一战线中坚持无产阶级领导权的极端重要性。会议通过了毛泽东的报告，批准了遵义会议以来党中央的政治路线。这次会议为进一步动员和争取千百万群众进入抗日民族统一战线、投入抗日战争的滚滚洪流，迎接全国抗战的到来，在思想上、政治上、组织上做了重要准备。

党的全国代表会议结束后，紧接着于 5 月 17 日至 6 月 10 日召开中国共产党白区工作会议。会议总结八七会议以来特别是瓦窑堡会议以来华北地区党在国民党统治区工作的经验，比较系统地揭露和批评"左"倾关门主义和冒险主义错误；阐明在西安事变和平解决后的新形势下，党在整个国民党统治区工作中的基本方针、策略和任务，以及为实现这些方针、策略、任务必须做的党的组织工作和群众工作。这些都为党在国民党统治区工作的彻底转变，发挥了积极的推动作用。

中国共产党在积极促成抗日民族统一战线、做好抗战准备的同时，还为系统总结党的历史经验，努力加强自身建设特别是思想理论建设，做了大量工作。毛泽东在 1936 年年底至 1937 年夏，先后写出《中国革命战争的战略问题》《辩证法唯物论（讲授提纲）》（主要部分后经过修改，单独成篇，取名《实践论》《矛盾论》）等重要论著。这是党的思想理论建设的重要成果，为中国共产党在即将到来的全民族抗战中开创新局面奠定了重要的思想理论基础。党在加强思想理论建设的同时，还注重加强党的组织建设。到全国抗战爆发前夕，党员已发展到 4 万多人。

中国共产党具有政治动员和理论指导上的优势，并拥有一支高素质的人民军队和一定规模的具有深厚群众基础的根据地及游击区。党发挥自身的优势，大力加强以争取民主为中心的各项巩固和平、促进团结、实现抗战的工作。

为做好抗日战争的准备，中共中央特别重视加强人民军队和革命根据地的建设。各地党组织都注意扩大和发展军队，集中于陕甘宁地区的红军进入对日作战的直接准备阶段，开展旨在提高军政素质的大练兵，使广大指战员的思想政治觉悟和技术战术能力有了很大提高。各种专门学校陆续开办起来。中国人民抗日红军大学于 1936 年 6 月成立后，1937 年 1 月改名为中国人民抗日军事政治大学。在此前后，还创办了通信、供给、卫生、摩托等学校。红军人数也迅速扩大，到 1937 年 7 月全国抗战爆发前，陕甘宁地区的主力红军和地方红军已发展到 7.4 万人，全国的正规红军、地方红军、游击队和东北抗日联军发展到 10 万人左右。部队的政治教育和军事训练都有所加强。陕甘宁根据地在政治、经济、文化教育、人民生活等各方面进行了整顿和建设。整个根据地共 20 余县，100 余万人。这个地区虽地广人稀，经济、文化比较落后，但在政治上民主团结，生机勃勃，群众抗日热情高涨，各项抗日准备工作在中共中央和边区政府率领下扎实推进，取得显著成就。

二 "把我们的血肉筑成我们新的长城"

题注：该标题取自《义勇军进行曲》的歌词。

（一）卢沟桥事变和全民族奋起抗战

1937 年 7 月 7 日，在中国历史上是个标志性的日子。

就在这天夜里，日本军队驻北平丰台的中国驻屯军一部在卢沟桥附近举行军事演习。深夜零时许，日军借口演习时一名士兵失踪和遭到"非法射击"，提出进入宛平县城搜索和中国守军必须撤出等无理要求。遭到拒绝后，日军突然向当地中国驻军第二十九军发动进攻，并炮轰宛平城。日本全面侵华战争从此开始。第二十九军一部奋起抵抗。中国全民族抗日战争（亦称"全国抗战"或"全国性抗战"）由此爆发，一场决定中华民族命运的殊死大搏斗拉开帷幕。这就是著名的卢沟桥事变（亦称"七七事变"）。

在此之前，1936 年 2 月，日本军部爆发二二六兵变，不久广田弘毅上台组阁，日本正式确立法西斯体制。11 月 25 日，德国和日本在柏林签订《反共产国际协定》（1937 年 11 月 6 日意大利加入）。这个协定的签订，表明东西方 3 个法西斯国家以反苏反共为纽带，在瓜分世界、划分势力范围方面达成默契，结成了威胁整个世界和平的侵略集团。在这种大背景下，中国抗战具有反法西斯战争的性质，中国全民族抗战首先开辟了世界反法西斯战争的东方主战场。

◎ 第二十九军士兵跑步进入阵地

日军进攻卢沟桥，是蓄谋已久的。华北事变后，日本加紧了侵略中国的步伐。1936 年 4 月，日本将原天津驻屯军扩充编组为中国驻屯军，辖 1 个旅团和若干直属部队，有 5700 多人，形成一个拥有多兵种的军事集团。9 月，日军强占北平西南门户丰台。1937 年年初，在日本统治集团中，所谓"对华一击论"逐渐占据上风。5 月起，日军在北宁铁路沿线以及丰台、卢沟桥一带频繁进行实弹演习。日军还不断派人到华北视察、"旅行"，搜集情报，刺探虚实，并制定了向华北增兵，沿平汉、津浦铁路及向山西、绥东方面作战的计划。此时担任日本驻屯军参谋长的桥本群少将后来在回忆录中也承认："纵使卢沟桥事变或许能得到避免，但第二、第三次同样的事件，即作为解决根本问题的导火线的小事件仍将不可避免地会发生。"

日本发动的这次战争，是中国遭到的一次最大规模的帝国主义侵略战争。日本自恃经济和军事实力大大超过中国，以为能够在短期内轻而易举地迫使中国屈服。日军参谋本部制定的《在华北使用武力时对华战争指导纲要》，预定"扫荡"驻扎北平一带的中国第二十九军的时间为 2 个月，击败国民党中央军的时间是 3 个月。日本为了达到 3 个月内灭亡中国的战略企图，实行速战速决的战略方针，迅速作出对华增兵的决定。7 月 28 日，日军以北平南苑地区为主要目标发起总攻。第二十九军官兵虽英勇作战，但未能挡住日军的猛烈攻势。7 月 29 日，北平沦陷。在抗击日军过程中，副军长佟麟阁和第一三二师师长赵登禹在南苑战场先后壮烈牺牲。7月30日，日军占领天津。占领平、津后，8月初，日军以30万兵力沿平绥、平汉、津浦铁路向华北腹地大举进攻。8月13日，日军大规模进攻上海，把战火烧到国民党政府的心脏地区。这就是八一三事变。中国军队奋起抗击，中国空军也出动参战。淞沪战役由此开始。

在日军直接威胁南京的形势下，国民党蒋介石的抗战方针政策发生根本性转变。8月14日，国民政府发表《自卫抗战声明书》，指出："中国为日本无止境之侵略所逼迫，兹已不得不实行自卫，抵抗暴力。""中国以责任所在，自应尽其能力，以维护其领土主权及维护上述各种条约之尊严。中国决不放弃领土之任何部分，遇有侵略，惟有实行天赋之自卫权以应之。"

抗日战争是中国近代历史上规模空前的全民族反侵略战争。全民族抗战是争取中国抗战胜利的重要法宝。卢沟桥事变后，亡国灭种的严重危机摆在中国人民面前。在那个血雨腥风的年代，抗击侵略、救亡图存成为中国各党派、各民族、各阶级、各阶层、各团体以及海外华侨华人的共同意志。在中国共产党倡导建立的以国共合作为基础的抗日民族统一战线旗帜下，地不分南北，人不分老幼，全国人民义无反顾投身到抗击日本侵略者的洪流之中。当时的一篇报纸社评这样写道："今天南北战场上，是争着死，抢着死，因为大家有绝对的信仰，知道牺牲自己，是换取中华民族子子孙孙万代的独立自由，并且确有把握，一定达到。"

在那段峥嵘岁月里，中华民族蕴藏着的巨大力量迸发出来，前线将士以血肉之躯同强大的敌人浴血奋战，各界民众以多种方式投身抗日战争。卢沟桥抗战中，北平居民自发为第二十九军战士挖战壕，抬担架，运弹药；长辛店的工人为修筑工事把大批铁轨、枕木、麻袋送往前线；农民们为部队出粮、出工，甚至六七岁的娃娃也端着水盆供士兵磨战刀。八一三上海抗战中，各界群众纷纷成立救亡团体，参加救亡协会、战时服务团，支援前线。武汉、四川等地的抗日救亡组织也相继建立起来。全国舆论界群情激愤，各地大小报刊抗战呼声四起。《呐喊》创刊号发表的一篇文章充分表达了那时人们的心情："期待了六年了，这伟大的抗战现在毕竟展开在我们的眼前！看着飞机在天空翱翔，听着大炮在耳边轰响，我满身的血液都沸腾起来，我的喜悦使我快要发狂。"

日本发动全面侵华战争和中国全国抗战的爆发，引起国际形势的变化，成为世界新旧格局变化的重大转折点。中国独立抗击着日本法西斯，成为世界反法西斯战争的重要力量。中国人民首先在东方举起反法西斯斗争的旗帜，反过来又推动着全世界人民反法西斯斗争的发展。随着中国抗战在世界反法西斯战争中的地位和作用日益突出，以英、法、美和中国、苏联为代表的两大国际力量，在反对以德、日、意为轴心的法西斯力量侵略的共同利益基础上，逐步拉近战略合作的距离。随着中日战争的扩大，三大国际力量在斗争中不断进行新的凝聚和组合，呈现出法西斯和反法西斯两大阵线对抗发展的趋势。国际社会对中国抗日战争给予了大量援助，鼓舞着中国人民的斗志。许多位国际友人不远万里来到中国，参加艰苦的中国抗战。他们中有加拿大共产党员诺尔曼·白求恩、德国医学博士汉斯·米勒、美国医学博士马海德、印度医生柯棣华等。

（二）抗日民族统一战线正式形成

卢沟桥事变爆发后，国共两党对日本的侵略迅速作出反应。事变发生的第二天即7月8日，中共中央发出《为日军进攻卢沟桥通电》，向全国人民呼吁："平津危急！华北危急！中华民族危急！只有全民族实行抗战，才是我们的出路！"通电号召："全中国同胞，政府，与军队，团结起来，筑成民族统一战线的坚固长城，抵抗日寇的侵掠！国共两党亲密合作抵抗日寇的新进攻！""全国上下应该立刻放弃任何与日寇和平苟安的希望与估计。"同一天，毛泽东、朱德、彭德怀等红军领导人致电蒋介石，表示红军将士愿意"为国效命，与敌周旋，以达保土卫国之目的"。接着，派叶剑英在西安代表中共中央于7月14日向南京政府表示："愿在蒋指挥下努力抗敌，红军主力准备随时出动抗日，已令各军十天内准备完毕，待令出动，同意担任平绥线国防。"7月15日，中共代表周恩来等在庐山将《中共中央为公布国共合作宣言》交给蒋介石，提出发动全民族抗战、实行民权政治和改善人民生活等 3 项政治主张，重申向国民党五届三中全会提出的 4 项保证，强调在民族生命危急万状的现在，只有我们民族内部的团结，才能战胜日本帝国主义的侵略。7 月 17 日，周恩来、博古、林伯渠同蒋介石、邵力子、张冲在庐山继续谈判。中共代表提出以《中共中央为公布国共合作宣言》为国共合作的政治基础，约定由国民党中央通讯社发表。

日本侵华的目的是吞并整个中国，这给国民党统治集团以致命威胁。在全国抗日救亡运动不断高涨和共产党倡议国共合作抗战的情况下，国民党最高领导人不能不改弦更张，实现团结抗战。蒋介石于 7 月 17 日在庐山发表谈话指出：卢沟桥事变到了无可避免的最后关头，"再没有妥协的机会，如果放弃尺寸土地与主权，便是中华民族的千古罪人"，"如果战端一开，那就是地无分南北，年无分老幼，无论何人，皆有守土抗战之责任，皆应抱定牺牲一切之决心"；同时，"希望由和平的外交方法，求得卢事的解决"。日军侵占北平、天津的行动，震动全国。日军进攻上海，更直接威胁到国民党统治集团的心脏地区和英、美等国在华利益。在全国要求抗战的压力下，国民党最高领导人决心接受中国共产党和爱国民众的建议，实现团结抗日。蒋介石急欲调动红军开赴前线，在国共两党谈判中开始表现出较多的团结合作的愿望，同意不向红军中派遣国民党人员。8 月，双方就陕甘宁边区人事、红军主力改编、在国民党统治区若干城市设立八路军办事处和出版《新华日报》等达成协

◎ 八路军东渡黄河，开赴华北抗日最前线

议。8月22日，国民政府军事委员会发表中国工农红军改编为国民革命军第八路军[①]的命令。8月25日，中共中央军委发布命令：中国工农红军第一、第二、第四方面军及陕甘红军等部改编为国民革命军第八路军，朱德任总指挥，彭德怀任副总指挥，叶剑英任参谋长，左权任副参谋长，任弼时任政治部主任，邓小平任政治部副主任。下辖3个师：第一一五师师长林彪、副师长聂荣臻；第一二○师师长贺龙、副师长肖克；第一二九师师长刘伯承、副师长徐向前。全军编制4.5万多人。八路军直

---

① 1937年9月11日，国民政府军事委员会按全国海陆空军战斗序列，将第八路军改称第十八集团军（此后仍沿称八路军，其指挥机关仍简称总部），总指挥部改称总司令部，朱德改任总司令，彭德怀改任副总司令。

属国民政府军事委员会，1938年1月改隶第二战区。8月，为了加强新形势下党对军事工作的领导，中共中央政治局洛川会议决定，毛泽东任中共中央军委书记（实际称主席），朱德、周恩来任副书记（实际称副主席）。10月，中共中央决定八路军恢复政治委员制度及政治机关。经中共中央批准，聂荣臻任第一一五师政治委员，关向应任第一二〇师政治委员，张浩任第一二九师政治委员（1938年1月由邓小平接任），进一步加强了军队政治工作和党对军队的领导。

9月22日，在中国共产党的催促下，国民党通过中央通讯社发表《中共中央为公布国共合作宣言》。9月23日，蒋介石发表《对中国共产党宣言的谈话》，认为"此次中国共产党发表之宣言，即为民族意识胜过一切之例证"，事实上承认了中国共产党在全国的合法地位。中共中央《宣言》和蒋介石谈话的发表，标志着以国共两党合作为基础的抗日民族统一战线正式形成。这是中国共产党顺应历史潮流正确决策的结果，也是与国民党方针政策的转变分不开的。国民党最高领导人同意联共抗日，承认第二次国共合作，是对国家和民族的有功之举。国民党当时是执政党，掌握着全国政权和国家资源，拥有200万军队，对于抗日战争的全面展开具有重要意义。

毛泽东高度评价抗日民族统一战线的意义，指出："这在中国革命史上开辟了一个新纪元。这将给予中国革命以广大的深刻的影响，将对于打倒日本帝国主义发生决定的作用。""历史的车轮将经过这个统一战线，把中国革命带到一个崭新的阶段上去。中国是否能由如此深重的民族危机和社会危机中解放出来，将决定于这个统一战线的发展状况。"

团结就是力量，团结方能胜利。在这生死存亡的关头，只有全民族团结抗战才是中国的唯一出路。抗日民族统一战线的正式建立，受到全国各族人民、各民主党派、各爱国军队、各阶层爱国人士以及海外华侨的欢迎和支持。正是中国共产党倡导的抗日民族统一战线这面旗帜，召唤着全中国的各党各派各界各军，召唤着全中国的工农兵学商，召唤着海内外的华夏儿女，同仇敌忾，众志成城，以血肉之躯筑起抗击日本侵略者的钢铁长城。

抗日民族统一战线正式形成后，中国共产党充分利用一切可能的条件，加强党在国民党统治区的工作。周恩来等中共代表广泛接触各界人士，共同开展抗日活动。经协商，国民党方面同意共产党在国民党统治区创办《新华日报》。1938年1月11日，《新华日报》在武汉正式创刊，成为激励全国人民抗战热情的重要宣传阵地。中共主办的《群众》周刊也在汉口公开出版。中共还在西安、太原、上海、南京、武汉、长沙、广州、桂林、贵阳、重庆、兰州、迪化（今乌鲁木齐）、洛阳等大中城市设立八路军和新四军的办事处、通讯处等，筹措军需物资，开展各项抗战工作。1937年12月，中共中央长江局在武汉成立。中共代表团继续同国民党保持接触，并就一些重要问题进行协商，在一段时间内合作气氛是比较融洽的。经中共中央同意，周恩来担任国民政府军事委员会政治部副部长，郭沫若担任政治部主管文化宣传工作的第三厅厅长。共产党人还参加了国民党召集的国民参政会，毛泽东等 7 人为国民参政会参政员。中国共产党人从原来比较狭小的环境中走出来，重新得以同国民党统治区社会各界公开接触，同政治态度很不相同的抗日人士广交朋友，开诚合作。同时，还结识了不少国际友人，争取得到他们的理解和同情。著名国际友人白求恩、柯棣华等便是在这时经武汉前往抗日根据地的。在长江局领导下，南方各省逐步恢复和发展了在土地革命战争后期遭受严重破坏的党组织。

期盼中的国共合作抗日实现了，人们不能不为之激动万分。宋庆龄兴奋地表示："我听到这消息，感动得几乎要下泪。"她在 1937 年 11 月发表声明指出："共产党是一个代表工农劳动阶级利益的政党。孙中山知道没有这些劳动阶级的热烈支持与合作，就不可能顺利地实现完成国民革命的使命……国难当头，应该尽弃前嫌。必须举国上下团结一致，抵抗日本，争取最后胜利。"救国会领袖沈钧儒、邹韬奋等 7 人于 1937 年 7 月 31 日被释放出狱，他们赞成中国共产党的抗日民族统一战线政策，拥护以国共合作为基础的全国的抗战团结。中华民族解放行动委员会领导人章伯钧等从香港回到南京，积极参加抗战工作。国民党内的李济深等领导的中华民族革命同盟从一度反蒋抗日转到拥蒋抗日的立场。国家社会党、中国青年党、中华职业教育社、乡村建设派等一致表示拥护政府抗战和国共两党合作抗日。随着战事的扩大，工人、农民、知识分子和其他爱国人士纷纷投入抗日洪流。民族工商业者踊跃购买救国公债，为前线捐赠钱物，不避艰险把工厂迁往内地。各少数民族与汉族人民一起积极参加抗日战争。许多台湾同胞回到祖国大陆，组织各种抗日团体和抗日武装。港澳同胞也以各种方式参加抗日活动。海外华侨纷纷建立抗日救亡团体，进行抗日宣传，筹集现款物资，组织华侨青年回国参军参战。这些百年以来未曾有的新气象，标志着一个古老民族的空前觉醒。正如爱国作家郁达夫所说："中国若果是一只睡狮的话，现在已经在张眼睛，振精神，预备怒吼了。"这种局面，就使日本侵略者突然发现，它面对的是一只醒来的雄狮，是原来没有预计到的整个中华民族组成的抗日民族统一战线。

（三）中国抗战的指导路线和战略方针

全国抗战爆发后的新形势，要求国共两党及时制定新的抗战路线和战略方针。抗日民族统一战线虽然建立了，但国共两党在如何抗战问题上，形成两条不同的抗战路线和两种不同的战略方针。两种抗战路线和战略方针的共同点是均实行适应全国抗战的一些方针政策，实行持久战的战略方针，这是共同抗战的基础。同时也存在着分歧，有着根本的不同点。能否最大程度地相信、依靠、宣传、动员、组织和武装人民群众，是国共两党两条抗战路线的根本区别。

国民党提出和实行的是片面抗战路线。卢沟桥事变后，国民党当局迅速制订战争指导方案和计划。1937 年 8 月 20 日，国民政府以大本营的训令颁发《战争指导方案》，正式确定以达成"持久战"为基本主旨，即实行持久消耗战略，并将华北、华中和华南部分地区暂时划为 5 个战区：第一战区为河北及山东北部地区；第二战区为山西、察哈尔、绥远；第三战区为苏南、浙江；第四战区为福建、广东；第五战区为苏北、山东。1938 年 3 月 29 日至 4 月 1 日，国民党召开临时全国代表大会并通过《抗战建国纲领》，对全国抗战路线的诸多问题作出决议。这个纲领在如何抗战和争取最后胜利方面提出了一些比较进步的思想，是国民党自西安事变后被迫放弃"攘外必先安内"的误国政策、走向全国抗战以来，所制定的相对较好的纲领。但国民党所主张和实行的是单纯依靠政府和军队的抗战路线，不能充分发动和武装群众，具有战争指导上的片面性；国民党实行的持久消耗战略，有比较符合敌强我弱实际的一面，但过分强调"以空间换时间"，过分强调依赖外国列强干涉和外援，没有看到转变敌强我弱力量对比的战略相持阶段的极端重要性，因此又具有消极性的一面。

中国共产党提出和坚持的是全面全民族抗战路线，实行的是立足于人民战争的持久战战略总方针，这是符合国情实际的、克敌制胜的战争指导方略。1937 年 8 月 22—25 日，中共中央在陕北洛川县冯家村召开政治局扩大会议，正式确定了全面全民族的抗战路线，指出："只有这种全面的全民族的抗战，才能使抗战得到最后的胜利。"会议通过的《抗日救国十大纲领》，具体阐述了全面全民族抗战路线。全面全民族抗战路线的实质，就是要进行一场广泛的人民战争。

要贯彻全面全民族抗战路线，还必须实行正确的战略方针。卢沟桥事变前，中共中央就预见到抗日战争将是一场持久的战争。1935 年 12 月，瓦窑堡会议就明确提出了对日实行持久战的思想。毛泽东在党的活动分子会议上指出："要打倒敌人必须准备作持久战。"1936 年 7 月，毛泽东在同美国记者埃德加·斯诺的谈话中，就已经一般地估计抗日战争的形势，提出了通过持久抗战争取胜利的方针。1937 年 7 月，朱德在《实行对日抗战》一文中，指出中国的抗日战争将是一个持久的艰苦的抗战。卢沟桥事变后，洛川会议通过的《关于目前形势与党的任务的决定》强调"应该看到这一抗战是艰苦的持久战"，从而正式确定了持久战的战略总方针。毛泽东在会上指出：在这场持久战中，红军的基本任务，是坚持独立自主的游击战，并在有利条件下进行运动战，创立敌后抗日根据地，钳制与消灭敌人，配合友军作战（战略支持任务），保存与扩大红军，打败日本侵略者。洛川会议后，张闻天、周恩来、刘少奇、彭德怀等相继发表文章，根据抗战开始后的实践经验，向党内外广泛宣传持久战的方针。在 1937 年 8 月中旬南京国民政府召开的军事会议上，中共代表周恩来、朱德、叶剑英提出：全国抗战在战略上要实行持久防御。

为了贯彻全面全民族抗战路线和持久战战略总方针，洛川会议还确定了人民军队的军事战略方针，要求红军在敌人后方放手发动独立自主的山地游击战，使游击战争担负起配合正面战场、开辟敌后战场、建立敌后抗日根据地的战略任务。毛泽东强调，人民军队要实行独立自主的山地游击战，包括在新条件下消灭敌人兵团与在平原发展游击战争，但着重于山地。新的军事战略方针要求人民军队在作战形式上由国内正规战争为主转变成抗日游击战争为主，同时在组织形式上也要由集中使用的正规军变为分散使用的游击军。

随着中国全国抗战的全面展开，日本"三个月灭亡中国"的计划彻底破产，抗战以来一直存在的"亡国论""速胜论"被战争实践证明是错误的，但仍有着相当大的市场。为了系统回答这次战争的规律和前途，以及中国抗日战争应采取的战略总方针，1938 年 5 月，毛泽东初步总结全国抗战经验，批驳当时流行的种种错误观点，系统阐明党的持久战战略总方针，在延安窑洞里写下了著名的《论持久战》和《抗日游击战争的战略问题》两篇重要的军事理论著作。

《论持久战》指出：抗日战争是持久战，最后胜利是中国的。毛泽东深刻揭示中国抗日战争必须经过持久抗战取得胜利

◎ 毛泽东在窑洞中写作

的客观根据。他指出："中日战争不是任何别的战争，乃是半殖民地半封建的中国和帝国主义的日本之间在二十世纪三十年代进行的一个决死的战争。全部问题的根据就在这里。"在这场战争中，中日双方存在着互相矛盾的 4 个基本特点，即敌强我弱，敌小我大，敌退步我进步，敌寡助我多助。第一个特点决定了日本的进攻能在中国横行一时，中国不能速胜，中国抗战不可避免地要走一段艰难的路程。后 3 个特点决定了中国不会亡国，经过长期抗战，最后胜利属于中国。

《论持久战》科学地预见到抗日战争将经过战略防御、战略相持、战略反攻 3 个阶段。通过 3 个阶段，在双方的力量对比上，中国必将由劣势到平衡到优势，而日本则必将由优势到平衡到劣势。其中，战略相持阶段是整个战争转变的枢纽。

《论持久战》阐明党的全面全民族抗战路线，指出："争取抗战胜利的中心关键，在使已经发动的抗战发展为全面的全民族的抗战。只有这种全面的全民族的抗战，才能使抗战得到最后的胜利。"为了实行这一路线，《论持久战》强调"兵民是胜利之本"，指明争取抗战胜利的唯一正确道路是充分动员和依靠群众，实行人民战争。毛泽东指出："动员了全国的老百姓，就造成了陷敌于灭顶之灾的汪洋大海，造成了弥补武器等等缺陷的补救条件，造成了克服一切战争困难的前提。要胜利，就要坚持抗战，坚持统一战线，坚持持久战。然而一切这些，离不开动员老百姓。""战争的伟力之最深厚的根源，存在于民众之中。日本敢于欺负我们，主要的原因在于中国民众的无组织状态。克服了这一缺点，就把日本侵略者置于我们数万万站起来了的人民面前，使它像一匹野牛冲入火阵，我们一声唤也要把它吓一大跳，这匹野牛就非烧死不可。"

毛泽东把抗日游击战争提高到战略地位，强调抗日根据地的重要性和必要性。他指出：中国是一个大而弱的国家，它被另一个小而强的国家所攻击，但是，这个大而弱的国家处于进步的时代。在这样的情况下，敌人占地甚广和战争的长期性发生了。因此，抗日游击战争就主要地不是在内线配合正规军的战役作战，而是在外线单独作战。并且，由于有中国共产党领导的坚强军队和广大人民群众存在，游击战争就不是小规模的，而是大规模的，这规定了游击战争不能不做许多异乎寻常的事情。犬牙交错的战争形态，就是颇为特殊的一点。于是，抗日根据地的问题，战略防御和战略反攻、向运动战发展等问题也发生了。这样，中国的抗日游击战争"就从战术范围跑了出来向战略敲门，要求把游击战争的问题放在战略的观点上加以考察。特别值得注意的，是这样又广大又持久的游击战争，在整个人类的战争史中，都是颇为新鲜的事情"。

《论持久战》深刻回答了当时人们头脑中存在的种种问题，清晰而具有强大说服力地描绘了抗日战争发展全过程的蓝图，为争取抗日战争胜利提供了强大的理论指南，为中国人民坚持抗战增添了震撼人心的信心和力量，因而产生了广泛影响。以后抗日战争的实践和历史进程，充分证明《论持久战》中的科学预见是完全正确的，是符合实际情况的。程思远回忆说："毛泽东《论持久战》刚发表，周恩来就把它的基本精神向白崇禧作了介绍。白崇禧深为赞赏，认为这是克敌制胜的最高战略方针。后来白崇禧又把它向蒋介石转述，蒋也十分赞成。在蒋介石的支持下，白崇禧把《论持久战》的精神归纳成两句话：'积小胜为大胜，以空间换时间。'并取得了周公的意见，由军事委员会通令全国，作为抗日战争中的战略指导思想。"一位外国记者评论道："不管他们对于共产党的看法怎样，以及他们所代表的是谁，大部分的中国人现在都承认毛泽东正确地分析了国内和国际的因素，并且无误地描绘了未来的一般轮廓。"

（四）国民党军队正面战场的作战

从卢沟桥事变到 1938 年 10 月广州、武汉失守，是中国抗日战争的战略防御阶段。战争初期，日本侵略者倚仗其军事上的优势，对华北、华中等地展开大规模的战略进攻，把国民党军队作为主要作战对象。在全国人民抗日热潮的推动下，国民政府统帅部调动全国军队，同时在北线和东线战场实行防御战略，抵抗日军进攻。继平津战役后，又先后进行淞沪会战、太原会战、南京保卫战、徐州会战以及保卫武汉等战役，并取得台儿庄战役的胜利，粉碎了日本"三个月灭亡中国"的计划。

1. 淞沪会战。上海在军事、政治和经济上具有重要战略地位。日军为实现速战速决的战略方针，于 1937 年 8 月 13 日向上海发动全线进攻，中国军民奋勇抗敌，淞沪会战开始。中国军队不畏强敌、浴血奋战，与日军展开全面激战。在与日军反复争夺虹口至杨树浦地区过程中，第八十八师第二六四旅旅长黄梅兴以下 1000 余人伤亡。在上海市区的华德路口，第二一五团第二营 300 余名官兵与敌展开白刃格斗，最后全部牺牲。在日军猛攻宝山的战斗中，第五八三团 1 个营 500 名官兵奋战两昼夜，营长姚子青以下多数牺牲。在 8 月 14—16 日的空战中，中国空军英勇作战，创下击落敌机 45 架的战绩，至 9 月初，直接击落的日军飞机达到 60 余架。至 9 月下旬，中国海军共击落日军飞机 7 架，重伤日军军舰 2 艘。10 月 28 日，第八十八师第五二四团团副谢晋元、营长杨瑞符率第一营"八百壮士"据守苏州河北岸四行仓库。谢晋元发誓：决心待任务完成，作壮烈牺牲。他率部孤军奋战至 10 月 30 日，杀敌数以百计，后突破敌重重包围，退入英租界，被国际上赞为奇迹。中国共产党在上海地区的组织和八路军办事处，根据中共中央指示，广泛开展统一战线工作，积极推动上海各界、各阶层民众组织抗日救亡团体和战地服务团，掀起轰轰烈烈的抗日救亡运动，给国民党军队的作战以有力支援。淞沪会战从 1937 年 8 月 13 日开始至 11 月 12 日上海市区沦陷为止，是全国抗战开始以来时间最长、规模最大的一次战略性战役。日军投入的总兵力约30万人，中国军队总兵力为70余万人。中国军队爱国官兵同仇敌忾、斗志昂扬，以劣势装备同优势装备的敌人殊死搏斗，以伤亡约25万人的巨大代价，毙伤日军4万余人，坚守上海达3个月。这次会战，极大地鼓舞了全国人民的抗日热情，也为掩护国家转入战时体制赢得了时间。但单靠拼阵地、拼消耗、拖时间，并幻想求得国际干涉，是战略指导上的严重失误，因而给随后保卫首都南京的作战造成极为不利的影响。

2. 太原会战。太原会战是全国抗战爆发后，中国军队同日军华北方面军在山西北部、东部和中部地区进行的大规模的战略性防御战役，为中日双方在华北进行的第一场大规模会战。太原会战主要包括平型关战役、忻口战役、娘子关战役、太原保卫战等。到11月8日太原失守，会战结束，中国军队在华北的正面作战也告结束。会战中，中国军队顽强战斗、奋勇杀敌，付出巨大牺牲。日军进攻原平，第十九军第一九六旅英勇抗击，全旅官兵伤亡惨重，仅剩下200余人，旅长姜玉贞殉国。在南怀化，战斗异常激烈，中日双方军队均伤亡数千人。在前沿指挥的第九军军长郝梦龄、第五十四师师长刘家麒、独立第五旅旅长郑廷珍等人殉国。1938年3月12日，毛泽东表示：郝梦龄将军等的鲜血是不会白流的，要真诚地悼念，永远纪念他们。太原会战较好实现了国共两党在军事上的合作，共产党不仅提出关于作战方针的正确意见和建议，而且以八路军积极有力的实际作战行动，配合和支持友军的正面阵地防御。太原会战历时1个多月，歼敌2万余人。中国军队广大官兵表现出不屈不挠的爱国热情和战斗精神，伤亡10万人以上。尽管国民党军事当局在作战指导上严重失误，尤其是对娘子关方面的防御重视不够，致使战役全局陷入被动，但此战仍不失为全国抗战初期华北战场上规模最大、战斗最激烈、持续时间最长、战绩最显著的一次会战。

3. 南京保卫战。日军占领上海后，立即转兵直逼中国首都南京。12月1日，日军华中方面军接到大本营攻占南京的命令后，当即命令部队分路向南京进击，夺取中国守军阵地。12月初，各路日军形成对南京的三面包围。12月上旬，日军向南京发起围攻，同时以机群、舰炮大举轰击。中国守军英勇抵抗，牺牲甚多。12月12日午后，城内各处均受日军炮火直接控制，中华门、光华门、中山门相继被突破。第八十八师第二六二旅旅长朱赤、第二六四旅旅长高致富、第八十七师第二五九旅旅长易安华等人殉国。12月13日，南京陷落。

日军占领南京后，有计划地在南京地区进行了长达6周的疯狂大屠杀。日军所到之处，烧杀淫掠，手段极其残忍。中国平民和被俘士兵被集体枪杀、焚烧、活埋以及用其他方法处死者达30万人以上。12月12日出版的日本《东京日日新闻》竟公开报道两个日军少尉以谁先杀死100个中国人进行杀人竞赛的凶残暴行。同时，南京市1/3的房屋被烧毁，几乎所有的商店被抢劫一空。日军进入南京市后的 1 个月中，发生约 2 万起强奸、轮奸事件，连不到 10 岁的幼女和六七十岁的老妇都难以幸免。很多妇女被奸淫后又遭屠杀、毁尸，惨不忍睹。南京变成一座尸横遍野、满目凄凉的人间地狱。这一灭绝人性、罪恶滔天的大屠杀惨案，是骇人听闻的反人类罪行，是人类历史上最黑暗的一页。

事实上，日本侵略军的烧杀淫掠暴行，绝不限于南京一时一地。侵华期间，日军在中国制造的杀害和平居民的血案达数万起，其中一次杀害千人以上的大规模屠杀血案即达 200 余起。仅 1937 年至 1940 年制造的百人以上的大屠杀惨案就达 500 多起。日军还无视国际公法，对许多城镇的非军事目标（如商业区、居民区、文化区）进行狂轰滥炸。《曼彻斯特卫报》驻中国特派记者、澳大利亚人田伯烈以亲身所见所闻，在 1938 年出版的一部书中写道："历史上，像日军在侵华战争中那样用飞机大批大批地炸死平民的例子是极少见的。"重庆是日军战略轰炸的主要目标。从 1938 年到 1943 年，侵入重庆上空进行轰炸的日机达 9000 多架次，投弹 2 万余枚。特别是 1941 年 6 月 5 日，日军出动大批飞机夜袭重庆。由于大量民众被迫长时间拥挤在通风不畅的隧道内，1000 余名避难民众窒息而死，造成了震惊中外的重庆大隧道惨案。日军强迫中国妇女充当"慰安妇"，这一野蛮行径使许多中国妇女受尽凌辱和摧残，不少人死于虐杀和疾病。日军在许多地区进行生物武器实验，使用毒气和细菌武器，残酷杀害中国军人和无辜平民。设在哈尔滨的"满洲第731部队"（简称"731部队"）作恶多端、臭名昭著。日本侵略者还大肆进行经济掠夺，强掳和奴役中国劳工；进行文化教育奴役，肆意摧残中国文化。在整个侵华战争中，日军的野蛮暴行从未停止过，罪行累累，罄竹难书。

4.徐州会战和台儿庄大捷。南京陷落后，举国震动。国民政府统帅部调整战区和战略部署，主要是以屏障华中重镇武汉为核心，开展津浦路方面的作战，力保晋南、豫北，阻敌南下，并保卫广东、福建沿海。日军占领南京后，也调整部署，将作战重心移向津浦路，企图以南京、济南为基地，从南北两端沿津浦铁路夹击徐州，以实现其连贯南北战场，迅速灭亡中国的计划。1938年1—5月，在第五战区司令长官李宗仁指挥下，中国军队同日军展开以徐州为中心的苏、鲁、皖3省交界地区的作战。周恩来、叶剑英等向第五战区建议，除以新四军、八路军一部配合作战外，在津浦路南段，应以运动战为主、游击战为辅的作战方法。李宗仁、白崇禧基本上接受了这一建议。中国军队为保卫徐州，同日军展开殊死搏斗。3月上旬，防守津浦路要地滕县（今滕州市）的第一二二师与敌血战，师长王铭章以下大部分官兵牺牲。这一仗拉开了台儿庄战役的序幕。

3月下旬至4月上旬，中国军队运用阵地战同运动战相结合的战法，经过数日激战，在台儿庄地区打败进攻之敌，取得台儿庄大捷。台儿庄战役是中国军队取得的一次重大胜利。在历时半个多月的激战中，中国参战部队达 4.6 万人，伤亡、失踪 7500 人，歼灭日军 1 万余人，缴获大批武器装备。台儿庄大捷，不仅极大地鼓舞了全国人民抗战必胜的信心，在国内外产生了巨大影响，也使日本侵略者为之胆寒。日军在台儿庄地区战败后，调整进攻徐州的作战计划。4 月中旬以后，担任正面防守的中国军队逐渐陷于被动，遂于 5 月中旬决定放弃徐州，向皖西、豫南方向转移。5 月 19 日，日军占领徐州。徐州会战历时 4 个多月，中国军队广大官兵英勇奋战，付出重大牺牲，歼灭数以万计的日军。数十万中国军队从徐州地区成功突围、转移，为抗战保留了大量有生力量，也为武汉保卫战赢得了准备时间，并鼓舞了全国人民的抗战热情。

随即，日军沿陇海路西进，5 月下旬至 6 月初连陷商丘、兰封、开封、中牟，准备夺取郑州，造成进攻武汉的有利态势。6 月 9 日，为了阻滞日军前进，蒋介石等下令炸开郑州东北花园口黄河大堤。决堤的洪水虽破坏了日军的作战计划，但同时也淹没了河南、皖北、苏北 40 余县的大片土地，形成连年成灾的黄泛区，给广大人民造成极大灾难。

5. 武汉会战和广州失陷。侵华日军在占领徐州后，即调集重兵图谋攻占武汉和广州。中国军民同仇敌忾，在武汉地区同日军展开一场规模空前的大会战。国民政府统帅部为了保卫武汉，于 6 月中旬决定成立第九战区，并扩充第五战区的兵力。武汉保卫战主要由这两个战区联合进行。这时，中共中央提出，当前的紧急任务是"保卫武汉，保卫全国，用一切方法削弱敌人，加强自己，克服一切困难与动摇，以持久战最后战胜敌人"。6月15日和27日，毛泽东指示八路军、新四军广泛开展敌后游击战争，配合友军作战。武汉会战历时4个多月，战场延及安徽、河南、江西、湖北和湖南等省，是全国抗战以来规模最大的一次战役。6月12日至7月5日，日军先后攻占安庆、马当、彭泽、湖口等沿江要塞。这是日军向武汉进攻的序幕战。7月中旬以后，武汉外围作战在长江南北同时展开，交错进行。中国守军进行英勇抵抗，但未能阻挡日军的攻势。10月中旬，日军从东、南、北三面对武汉形成包围，武汉已无险可守。蒋介石决定放弃武汉。10月25日，中国守军奉命撤退。10月26日、27日，日军占领武汉三镇，武汉会战结束。在武汉会战中，苏联援华志愿航空大队与中国空军共同对日作战，取得重大战果。许多苏联飞行员血洒长空，表现出崇高的国际主义精神。中国海军在保卫武汉作战中也作出重要贡献。此次会战，共毙伤敌近4万人，大大消耗了日军的有生力量，打破了日军妄想速战速决、迫使中国屈服的战略计划，使战争形势发生重大变化。

在华南，日军为切断中国的国际交通线和策应对武汉的攻势，于10月12日在广东大亚湾登陆。中国守军既疏于防范，又未能对登陆之敌进行有力的抗击。10月21日，广州沦陷。

广州、武汉陷落，成为中国抗日战争由战略防御转入战略相持阶段的重要转折点。

从 1937 年 7 月卢沟桥事变到 1938 年 10 月广州、武汉失守，历时 1 年零 3 个月，是全国抗战的战略防御阶段。国共两党及其领导的军队，合作抗日、协同作战，对日军进行比较有效的抗击，使日军实力受到比较大的消耗，战争规模的扩大及日本所投入兵力之多，损失之大，大大超出日本侵略者的最初预想，使日军在战略上日益陷入被动地位。以国民党军队为主体的正面战场打过一些胜仗，正如毛泽东所说："从一九三七年七月七日卢沟桥事变到一九三八年十月武汉失守这一时期内，国民党政府的对日作战是比较努力的。"但是，正面战场的战局一直不利，许多仗打得不好，军队损失很大，伤亡约 80 万人。北平、天津、保定、张家口、石家庄、包头、太原、上海、南京、杭州、济南、青岛、徐州、合肥、广州、武汉等重要城市，以及这些城市周围的广大地区相继沦陷。战争初期，军事上敌强我弱，中国丧失一些地方是不可避免的。然而，日本军队推进得如此迅速，中国人民遭受空前严重的损失，却是同国民党统治集团执行片面抗战路线和单纯防御的战略方针分不开的。在战略防御作战中，中国共产党领导的八路军、新四军，以及全国各界民众组织的抗日自卫武装等，对抵抗日军的侵略起了重要作用。特别是随着共产党领导的敌后抗日游击战争的迅速展开，抗日根据地的建立，钳制了日军大量兵力，有力配合和支持了友军的正面防御作战。

（五）八路军、新四军出师抗战和平型关大捷

1.八路军出师华北。红军主力改编为八路军之后，迅速开赴抗日前线。八路军总部率各师先后出师抗日，同国民党军队并肩杀敌。在山西，中国共产党领导的山西青年抗敌决死队（山西新军）密切协同八路军作战，发挥了很大作用。八路军的基本任务是：创建抗日根据地，钳制与消耗敌人，配合国民党军队作战，以小部兵力进行发动群众和组织群众武装的工作，保存和扩大自己。八路军的作战地区初定为晋、冀、察、绥4省交界的恒山、五台山地区。日军占领平津后，按照速战速决的战略方针，沿平汉、平绥和津浦铁路在华北展开战略进攻。至9月中旬，日军在华北地区的兵力共约37万人。在日军大举增兵展开战略进攻、华北战局严重危急的形势下，8月下旬至9月下旬，八路军未等改编就绪就从陕西誓师出征，东渡黄河，昼夜兼程奔赴华北抗日前线，从而形成了敌进、友退、我进的抗战局面。

9月13日，日本关东军察哈尔派遣兵团占领大同后，以一部兵力于10月13日占领绥远省省会归绥（今呼和浩特），10月16日占领包头，结束了平绥铁路沿线作战；主力沿同蒲铁路南下晋北忻口，直趋太原。与此同时，日军华北方面军第五师团由平绥铁路东段的宣化南下晋、察、冀交界地区。根据敌情变

化，毛泽东于9月17日发出八路军变更战略部署的指示，决定将原来八路军3个师集中配置在恒山山脉一区的计划，改为分散配置于山西省的四角。随后，第一一五师、第一二〇师除一部在晋、察、冀边界的恒山和五台山地区活动外，第一一五师主力进至晋西南地区，第一二〇师主力仍在晋西北地区活动，第一一五师第三四四旅和第一二九师进至晋东南地区。八路军变更战略部署后，对日军将占领的中心城市太原和交通要道同蒲、正太铁路等形成四面包围之势。这对于八路军保持战略上的主动、实行独立自主的山地游击战争和创建抗日根据地，具有重要的战略意义。

2. 平型关大捷。9月中旬，由平绥铁路东段向西南方向进攻的日军华北方面军第五师团，在由大同向南进攻的关东军察哈尔派遣兵团主力配合下，迅速向内长城线逼近，企图突破平型关要隘，歼灭中国第二战区部队，从右翼

配合华北方面军主力沿平汉、津浦铁路的作战。针对这一情况，第二战区司令长官阎锡山决心在平型关—雁门关—神池的内长城线组织防御，凭借长城之险阻止日军进入山西腹地。为配合

◎ 八路军第一一五师在平型关伏击日军

友军作战，9 月 24 日，八路军第一一五师师长林彪和副师长聂荣臻确定在平型关东北方向的关沟经乔沟至东河南镇长约 13 公里的公路旁，采取一翼伏击的战术，将日军歼灭于狭谷之中。同日，第一一五师独立团在位于涞源和灵丘间的腰站实施阻击，打退日军一部的多次冲击。9 月 25 日拂晓，日军第五师团辎重联队和第二十一旅团主力等部沿灵丘至平型关公路由东向西开进，于 7 时许全部进入第一一五师预伏地域。第一一五师抓住战机，突然发起全线攻击。第六八五团迎头截击，歼日军先头部队。第六八七团在蔡家峪和西沟村之间切断日军退路。第六八六团于小寨至老爷庙之间的乔沟实施突击，把日军压缩在狭谷之中。在此期间，先期于 9 月 22 日进占东跑池的日军一部，试图回援老爷庙，被第六八五团所阻，日军多次反扑，但由于两军短兵相接，日军的飞机无能为力，其反扑被第六八六团一次又一次击退。随后，第六八六团在第六八五团协同下，将该部日军全部歼灭。平型关战役胜利结束。

在平型关战役中，八路军第一一五师以自身伤亡 400 余人的代价，歼灭日军精锐第五师团辎重联队和第二十一旅团各一部共 1000 余人，击毁汽车 100 余辆，缴获大批军用物资，取得全国抗战开始以来中国军队主动寻歼日军的第一个大胜利。9 月 26 日，蒋介石发出贺电："歼寇如麻，足证官兵用命，深堪嘉慰。"平型关大捷是八路军首次集中较大兵力对日军进行的一次成功的伏击战，打破了日军不可战胜的神话，极大地增强了全国军民的抗战信心，提高了共产党和八路军的威望，并赢得了国际舆论的称赞和好评。

对于平型关战役的意义，八路军第一二九师第三八六旅旅长陈赓在 9 月 26 日的日记中写道："这是红军参战的第一次胜利，也是中日开战以来最大的一次胜利。这一胜利虽然是局部的，但在政治上的意义是无穷的：一，证明我党的主张正确；二，只有积极地采取运动战、游击战、山地战，配合阵地战，扰袭敌人，才能胜算；三，证明唯武器论的破产；四，单纯的防御只有丧失土地。"

3.八路军在山西配合友军抗战。太原会战期间，八路军在忻口等战役中积极配合国民党军队作战，取得一系列战果。忻口位于太原以北，居忻县、崞县、定襄 3 县之交，自古以来为兵家必争要地。10 月 7 日，日军占领崞县县城，并与原平的中国军队形成对峙。阎锡山决定全线改取守势。八路军则向敌侧后展开积极主动的攻击，相继收复平鲁、宁武、涞源等县城，并在同蒲铁路大同至朔县段展开破袭战，逼近大同。八路军积极向日军两翼及后方广泛展开游击战。第一一五师自 10 月 10—29 日收复灵丘、广灵、蔚县、浑源、阳原和繁峙等多座县城。第一二〇师自 10 月 18—21 日在雁门关以南黑石头沟公路两侧设伏，歼灭日军 500 余人。由于八路军的积极作战，进攻忻口的日军与大同、张家口的交通联系一度中断，粮、弹、油料等供应断绝。对此，蒋介石于 10 月 17 日致电朱德、彭德怀：

"贵部林师及张旅，屡建奇功，强寇迭遭重创，深堪嘉慰。"[①]第一二九师第三八五旅第七六九团进至崞县、代县之间，袭扰敌军。该团以第三营为主力于10月19日凌晨袭击阳明堡日军飞机场，经1小时激战，击毁击伤敌机24架，消灭敌守备队100余人。第三营伤亡30余人，营长赵崇德光荣殉国。夜袭阳明堡机场的胜利，是第一二九师出师华北抗战取得的第一个重大胜利，使日军在忻口战场上一时失去空中支援力量。当地人民颂扬八路军："万里长城万里长，雁门关下古战场，阳明堡里一把火，日寇飞机一扫光。"从10月21日起，日军向娘子关一带中国守军阵地展开全线攻击，中国军队虽顽强抗击，但防线多处被日军突破。八路军第一二九师火速向娘子关东南日军侧后挺进，在平定东南长生口、东石门和马山村等地连战皆捷。10月26日，娘子关失陷。10月26日、28日，第一二九师第三八六旅在七亘村地区两次设伏，共歼灭日军400余人。八路军总部统一指挥第一二九师和第一一五师两师主力，在黄崖底、广阳和户封等地连续伏击日军，迟滞西进太原的日军达1星期之久，掩护了沿正太铁路撤退的国民党军队。八路军各部的积极作战，打击了日军的有生力量，有力配合了国民党军队的正面作战。尽管最后国民党军队放弃忻口，太原失守，但太原会战仍是国

---

① 《民国档案》1985年第2期，第34页。电文中的"林师"，指林彪为师长的八路军第一一五师；"张旅"，指张宗逊为旅长的八路军第一二〇师第三五八旅。

共合作取得较好战果的一次大规模战役，也是整个抗日战争时期国共两党两军在战役战斗上协同抗击日军最好的一次会战。

4. 南方八省红军游击队改编为新四军和出师华中抗战。全国抗战爆发后，中共中央发出指示，指导红军主力长征后奉命留在湘、赣、粤、浙、闽、鄂、豫、皖8省的红军游击队与国民党地方当局进行谈判，并派出代表同国民政府代表谈判。经过中共中央的努力，加之日军进攻上海、威胁南京，蒋介石急欲调动红军开赴抗日前线，国民政府始同中共中央就南方红军游击队改编为抗日武装问题达成协议。1937年9月28日，蒋介石任命叶挺为国民革命军陆军新编第四军（简称"新四军"）军长。10月6日，又电告国民党江西省政府主席熊式辉：鄂豫皖

◎ 新四军在福建龙岩举行抗日誓师大会

边、湘鄂赣边、湘粤赣边、浙闽边和闽西等红军游击队，均编入新四军，由叶挺编遣调用。继叶挺任新四军军长后，由中共中央提名，经国民政府军事委员会核定，相继任命项英为副军长，张云逸为参谋长，周子昆为副参谋长，袁国平为政治部主任，邓子恢为政治部副主任。

为加强对新四军的领导，中共中央于 12 月 14 日决定成立中共中央东南分局和中共中央革命军事委员会新四军分会。中共中央东南分局由项英任书记，曾山任副书记。新四军军分会由项英任书记，陈毅任副书记。12 月 25 日，新四军军部在湖北汉口成立，1938 年 1 月 6 日移至江西南昌。2 月上旬，新四军军部命令江南各游击队到皖南歙县的岩寺集结整编，江北各游击队在安徽霍山县流波礁集结整编。全军编为 4 个支队：第一支队，陈毅任司令员，傅秋涛任副司令员；第二支队，张鼎丞任司令员，粟裕任副司令员；第三支队，张云逸兼任司令员，谭震林任副司令员；第四支队，高敬亭任司令员。全军共 1 万余人，有各种枪械 6200 余支（挺）。1938 年 2 月，新四军各支队开始向皖南、皖中集中。在短短两个多月的时间内，顺利完成了集中整编为新四军的任务。这对于迅速壮大人民抗日武装力量、开展华中敌后抗战，具有重大战略意义。新四军完成整编后，各支队开始向华中敌后挺进，实施战略展开，在长江南北地区广泛开展抗日游击战争，建立抗日根据地。

"到敌人后方去，把鬼子消灭净"

题注：该标题取自《到敌人后方去》的歌词。这首歌由赵启海作词、冼星海作曲，于 1938 年 9 月问世。这句歌词的后半句原词为"把鬼子赶出境"，另有一个版本是"把强盗赶出境"。此处用的是后来集体重新填词的版本。

日军占领太原、上海后，继续在华北、华中和华南展开大规模的战略进攻。国民党军队在正面战场抗击日军，中国共产党领导的八路军、新四军开辟敌后战场，从而形成了两个战场夹击日军的战略态势。这样，在中国抗日战争中，实际上形成了互相配合的两个战场：一个是主要由国民党军队担负的正面战场，一个是主要由中国共产党领导的人民军队担负的敌后战场。

（一）八路军开辟华北敌后战场

1937 年 11 月太原失陷后，华北战局发生重大变化。华北地区的正面战场作战基本结束，中国共产党领导的敌后游击战争上升到主要地位。针对这一形势的变化，毛泽东在延安党的活动分子会议上指出："在华北，以国民党为主体的正规战争已经结束，以共产党为主体的游击战争进入主要地位。""目前是处在从片面抗战到全面抗战的过渡期中。"11月13日，毛泽东电示中共中央北方局和八路军总部：八路军当前的任务是"发挥进一步的独立自主原则，坚持华北游击战争，同日寇力争山西全省的大多数乡村，使之化为游击根据地，发动民众，收编溃军，扩大自己，自给自足，不靠别人，多打小胜仗，兴奋士气，用以影响全国"。

中共中央和毛泽东作出的开辟敌后战场的决策是完全正确的。实行敌后抗战，可以使日军在占领区内不得安宁，从而捆住其手脚，进而缩小其占领区域，这对兵力不足的日本来说是极其严重的致命威胁。实行敌后抗战，能有效地积聚和发展人民抗日力量，八路军深入敌后，可以成为凝聚各种抗日力量的中心。根据中共中央和毛泽东的指示，中共中央北方局和八路军总部决定，八路军主力分赴晋察冀、晋西南、晋西北、晋冀豫地区创建抗日根据地。1937年11月中旬，第一一五师、第一二〇师、第一二九师和山西新军按晋东北、晋西北、晋东南、晋西南4个地区在敌后实行战略展开，并同地方党组织结合，组织工作团，建立战地动员委员会、抗日救国会等半政权性质的组织。

◎ 八路军第一一五师副师长聂荣臻在前线指挥作战

◎ 八路军第一二〇师师长贺龙（左）、政治委员关向应（右）在前线指挥作战

◎ 八路军第一二九师师长刘伯承（右）、政治委员邓小平（左）研究作战计划

　　八路军在华北的战略展开，大体上经历了 3 个阶段：太原失守以前，八路军主要是以游击战和游击运动战直接在战役战斗上配合友军作战，以少部兵力进行发动群众和组织群众武装的工作；太原失守以后，八路军各师主力分别在晋察冀、晋东南、晋西北、晋西南开展独立自主的山地游击战争，实现在山西的战略展开；1938 年 4 月以后，八路军实行大幅度分兵，向河北、豫北平原、山东、冀热边和绥远等华北广大敌后区域尤其是平原地区发展游击战争，开辟广大的敌后战场。

　　此外，华北一些地方建立了人民抗日武装。卢沟桥事变后，华北地区的中共党组织大力发展抗日群众运动，开展游击战争。在山西建立的山西新军在共产党的领导和八路军的帮助下不断发展壮大，到 1939 年冬，共有决死队 4 个纵队、1 个工人武装自卫旅、3 个政治保卫旅及暂编第 1 师等部，共有 50 个团，7 万余人。山西新军建立后，分别活动于晋西北、晋西南、晋东南地区，积极配合八路军发动群众、建立抗日根据地，广泛开展抗日游击战争，为华北敌后战场的开辟及敌后抗战发挥了重要作用。中共河北省各地方组织在平西、冀中、冀南等地发动群众，建立人民抗日武装，开展抗日游击战争，建立抗日根据地。从 1937 年 10 月至翌年 1 月，中共山东省地方党组织相继发动 10 次大的抗日武装起义，建立人民抗日武装，到 1938 年 6 月发展到 4 万人，作战 100 余次，收复县城 15 座，为山东抗日根据地的建立奠定了基础。

八路军在敌后开展的游击战争最初是依托山区进行的。1938 年 4 月 21 日，毛泽东、张闻天、刘少奇向八路军发出关于开展平原游击战争的指示。中共中央作出战略决策：将原在山西山区的八路军三大主力分别向河北、山东的平原地区挺进，以加强华北平原的抗日游击战争。根据中共中央的指示及八路军总部的部署，八路军各部队陆续向平原地区展开，第一二九师主力进入冀南，第一二〇师主力进入冀中，第一一五师师部率第三四三旅进入冀鲁豫边区和山东，在这些地区开辟新的抗日根据地。在八路军部分主力部队挺进冀鲁平原的同时，在华北山区的敌后抗日根据地也展开了更加广泛的抗日游击战争。

八路军自 1937 年 8 月誓师出征至 1938 年 10 月，共作战 1500 余次，歼灭日、伪军 5 万余人，缴获各种枪械 1.2 万余支（挺），建立了晋察冀、晋绥、晋冀豫、晋西南、山东等抗日根据地，形成了广阔的华北敌后战场，部队发展到 15.6 万余人，成为华北抗战的中坚力量。

（二）新四军开辟华中敌后战场

1938 年春，日军华中派遣军协同华北方面军沿津浦铁路夹击徐州，苏、浙、皖大部地区已成敌后。2—5 月，中共中央和毛泽东一再要求新四军应利用目前的有利时机，主动地、积极

◎ 挺进苏南敌后的新四军部队

地深入敌人的后方，在长江以南创立一些模范的游击根据地，以建立新四军的威信，扩大新四军的影响。根据中央的部署，新四军军部于5月间指示所属部队深入敌人后方，开展广泛的游击战争，牵制和分散敌人的兵力，配合国民党军队正面作战，在持久抗战中争取胜利。新四军各支队向华中敌后挺进，实行战略展开，在大江南北，利用山区和河湖港汊开展了广泛的抗日游击战争。第一、第二支队创建了以茅山为中心的苏南抗日根据地，至12月，粉碎日军近30次"扫荡"，初步巩固了苏南抗日根据地。第三支队战斗在皖南抗日前线。第四支队挺进皖中敌后开展游击战争。游击支队向豫皖苏边挺进，到1938年年底发展到3000余人，为发展豫皖苏边抗日根据地创造了有利条件。

新四军自成立至1938年年底，在大江南北广泛开展游击战争，取得230余次战斗的胜利，歼灭日、伪军3200余人，有力配合了友军在正面战场的作战。新四军在极为复杂的条件下，经短短半年多的英勇奋战，初步创建了苏南、皖南、皖中和豫东抗日根据地，部队由组建时的1万余人发展到2.5万余人，实现了在敌后的战略展开，开辟了华中敌后战场。

中国共产党领导的人民军队开展的敌后游击战争，是世界历史上罕见的艰苦战争。面对强大的日军，人民军队只有极简陋的武器装备，没有来自后方的枪支、弹药的接济。在敌人的包围中创建抗日根据地的地域，大多是山区和穷乡僻壤，物质条件和自然条件极其恶劣。1937年11月聂荣臻率八路军第一一五师一部向晋察冀进军时，五台山已开始飘起飞雪，部队还穿着单衣草鞋，在破庙中过夜。然而，经过艰苦卓绝的斗争，人民军队终于在敌后站稳了脚跟，打开了局面，这里的关键是得到了人民的支持和拥护。徐向前在1938年5月21日出版的《群众》周刊刊文《开展河北的游击战争》，明确提出平原建造"人山"的思想，深刻阐述了人民战争的伟力。他指出：人民的力量是最伟大的力量，也只有这伟大无比的活动的人的力量，是日寇无法战胜的力量。我们要在平原地开展游击战争，就必须把广大的人民造成"人山"，我想不管什么样的山，也没有这样的山好。聂荣臻后来也回忆说："人民群众一经发动起来，就有了足以抗击日本侵略军的'人山'和'人海'。"如果不是人民的军队，不能与当地群众结成血肉相连的关系，要在如此艰苦的敌后环境中长期坚持和发展游击战争，是难以想象的。正是军队和人民群众结成血肉相连的关系，依靠"人山"，经过艰苦卓绝的斗争，终于在敌后长期坚持和发展了抗日游击战争。

（三）创建抗日民主根据地

开辟敌后战场，发展敌后抗日游击战争，必须在斗争中发动和组织群众，建立和发展根据地，建立和巩固抗日民主政权。八路军、新四军根据中共中央和毛泽东的战略部署，分兵发动群众，开展独立自主的敌后游击战争，恢复和发展党的组织，建立抗日民主政权，在华北、华中地区开辟了许多大块的抗日根据地。到 1938 年 10 月，先后创建了华北的晋察冀、晋西北、晋冀豫、晋西南、冀鲁边、山东和华中的苏南、皖中、豫东等抗日根据地。

晋察冀抗日根据地。八路军第一一五师独立团、骑兵营和八路军总部特务团一部及第一二〇师第三五九旅一部等共约3000 人，在第一一五师副师长聂荣臻率领下，于 1937 年 10 月下旬以五台山为中心开辟晋、冀、察3省边界地区抗日根据地。各部队一面作战,一面宣传发动群众、建立抗日民主政权,迅速打开了局面。11月7日,八路军晋察冀军区正式成立,聂荣臻任司令员兼政治委员。1938年1月10日,晋察冀边区军政民代表大会在冀西阜平召开,民主选举产生了抗日民主政权——边区临时行政委员会(开始称临时行政委员会,1月下旬,先后得到阎锡山和国民政府军事委员会及行政院的正式批准,去掉"临时"二字)。这是敌后第一个由共产党领导的统一战线的抗日民主政权。边区政府成立后,颁布和实施各方面的政策法令,稳定了社会秩序,使边区抗战力量得到迅速发展。

晋西北抗日根据地。八路军第一二〇师在师长贺龙、政治委员关向应率领下,一面侧击沿同蒲铁路南侵的日军,配合友军作战;一面在晋西北大力发动、组织群众,于1个月内组织起抗日游击队和脱离生产的自卫军达1.1万余人。至1938年1月,全师除留守陕北的部队外,由出征时的8200余人扩大到2.5万余人,各县都成立了自卫军和游击队,晋西北抗日根据地初步形成。

晋冀豫抗日根据地。八路军第一二九师在师长刘伯承、政治委员张浩率领下,深入发动和组织群众,扩大抗日武装,很快建立了新的抗日民主政权。至1938年2月中旬,相继组建了数支游击队,晋冀豫抗日根据地初步形成。

晋西南抗日根据地。八路军第一一五师师部及第三四三旅部队，在师长林彪、政治部主任罗荣桓率领下，为支援晋西南国民党军队抗击日军的作战，于1938年2月中旬先后在孝义以西地区袭击、侧击西进之敌。2月下旬，日军继续向西、向南推进，直接威胁陕甘宁边区。根据毛泽东关于巩固战略枢纽和寻机歼敌的指示，3月14—19日，第一一五师先后在午城、井沟地区伏击由蒲县西进的日军，共歼敌1000余人，粉碎了日军西犯黄河河防的企图。1938年春夏之交，以孝义和灵石、隰县部分地区为中心的晋西南抗日根据地初步形成。

山东抗日根据地。卢沟桥事变后，中共山东省委于1937年10月制订了分区发动抗日武装起义的计划。10月至1938年1月，相继在鲁西北、天福山、黑铁山、徂徕山、微山湖西等地举行10次规模较大的抗日武装起义，建立了多种名称的人民抗日武装。到1938年6月发展到4万人，作战100余次，收复县城15座，为山东抗日根据地的建立奠定了基础。

陕甘宁边区。根据国共两党谈判达成的协议，陕甘宁革命根据地改称陕甘宁边区。陕甘宁边区政府于1937年9月在延安正式成立，林伯渠为边区政府主席，张国焘为副主席，辖23个县，人口约150万。为了巩固内部，陕甘宁边区政府开展肃清匪患，打击汉奸、特务和反动地主豪绅的斗争。陕甘宁边区是八路军、新四军等人民军队的指挥中心和战略总后方。边区随着自身的巩固和各项事业的发展，成为全国模范的抗日根据地，成为全国最进步的地方。毛泽东在一篇讲演中，回答了陕甘宁

◎ 陕甘宁边区留守兵团的骑兵部队

边区为什么是全国最进步的地方。他说，这里一没有贪官污吏，二没有土豪劣绅，三没有赌博，四没有娼妓，五没有小老婆，六没有叫化子，七没有结党营私之徒，八没有萎靡不振之气，九没有人吃磨擦饭，十没有人发国难财。陕甘宁边区的巩固和建设，使中共中央能够顺利指挥敌后战场的对日作战，并领导全党团结全国人民进行抗日战争。

中共中央所在地延安，成为万众瞩目、令人向往的地方。创作于 1938 年的由莫耶作词、郑律成作曲的《延安颂》充满激情地唱道："啊！延安！你这庄严雄伟的古城，到处传遍了抗战的歌声。啊！延安！你这庄严雄伟的古城，热血在你胸中奔腾。千万颗青年的心，埋藏着对敌人的仇恨，在山野田间长长的行列，结成了坚固的阵线。""啊！延安！你这庄严雄伟的城墙，筑成坚固的抗日的阵线，你的名字将万古流芳，在历史上灿烂辉煌！"

在八路军主力挺进抗日前线后，八路军后方留守处担负起保卫边区的任务，主任由肖劲光担任（后改称留守兵团，肖劲光改任司令员）。从 1938 年春到 1939 年年底，日军先后调集数千至上万兵力，向陕甘宁边区河防发动 23 次进犯。八路军留守兵团河防部队利用黄河天险，沿河西岸构筑河防工事，与八路军主力部队密切配合，坚决拒敌于河东，先后取得 70 余次战斗的胜利，共毙伤日军 800 余人，千里河防始终未被日军突破，胜利完成了保卫陕甘宁边区安全的任务。

四 "我们万众一心，冒着敌人的炮火前进"

题注：该标题取自《义勇军进行曲》的歌词。

1938 年 10 月，日本侵略军占领广州、武汉以后，中国抗日战争逐渐转入战略相持阶段。在此阶段，中国共产党领导的抗日军民在战胜日军主力残酷进攻的同时不断成长壮大，敌后战场的地位和作用显著上升，成为全国抗日战争的主战场。国民党的抗日虽然趋于消极、保守，但在正面战场上保持了继续作战的局面。

（一）战略相持阶段的到来

战略相持阶段的到来，是中国人民浴血奋战的阶段性胜利。经过近 16 个月的战略进攻，日军已推进到包头、风陵渡、开封、信阳、合肥、岳阳、芜湖、杭州一线，并占领和控制了珠江口、长江下游沿岸，以及华北、华中主要铁路沿线等经济较发达地区。但是，由于中国人民坚持团结抗战，粉碎了日本侵略者速战速决灭亡中国的计划，大量消耗了日本的军事力量和经济力量。到1938年年底，日本陆军在中国战场上的兵力已达到24个师团，在中国东北有关东军8个师团，国内只留有1个师团。到这时，日军在战争中的伤亡已达44.7万多人。

战略相持阶段的到来，是中日双方力量对比发生变化的结果。随着战局的扩大、战线的延长，日军兵力更加分散，士气已渐低落。沉重的战争消耗和军事工业的畸形发展，使日本的财政经济日益陷入困境，财力、物力、兵力不足的根本弱点已经暴露出来，无力再发动大规模的战略进攻。在日军占领的地区内，由于中国共产党领导的敌后抗日游击战争的发展，使日军在其占领区内只能控制一些大中城市和主要交通线及其附近地区，广大农村则控制在以八路军、新四军为主的中国军队手中。敌后游击战争的发展和抗日根据地的扩大，消耗和牵制着日本大量兵力，形成独立的广大的敌后抗日战场，对日军构成日益严重的威胁。八路军、新四军等人民抗日武装控制着广大农村，不断打击敌人，形成敌我互相包围、犬牙交错的局面，但人民抗日武装力量的发展还远没有达到足以进行战略反攻的程度。正面战场上，中国军队在武汉周围的南昌、襄（阳）东、湘北、枣（阳）宜（昌）地区，广西南宁地区，山西中条山地区和绥远西部等地，继续对日军进行防御性作战，牵制和消耗敌人，从而出现了正面战场和敌后战场在战略上互相支援、互相配合持久抗战的局面。同时，国际局势急剧变化，使日本既要准备对苏作战，又要同英、美等国争霸太平洋地区，它能用于中国战场的力量已接近极限，因而不得不停止对中国正面战场的战略进攻。抗日战争开始出现战略相持局面。

（二）筑起人民战争的铜墙铁壁

战略相持阶段到来后，日本改变侵华战略，在正面战场上停止战略进攻，逐渐将其主要兵力用于共产党领导的敌后战场。中国共产党领导的人民抗日武装力量在敌后担负起抗击日军的主要责任，筑起了人民战争的铜墙铁壁。

1.巩固华北、发展华中的战略部署。抗日战争进入战略相持阶段后，从抗战的全局来看，敌后战场与正面战场形成的两个战场的战略格局的作用更加凸显，特别是敌后战场完全发挥了独当一面的战略作用。敌后游击战争成为中国抗日战争的基本形态，敌后战场成为中国抗战的主战场。

中共中央及时预见到即将到来的重大变化。1938年9月29日至11月6日，中国共产党在延安召开了扩大的第六届中央委员会第六次全体会议。毛泽东在会上作《论新阶段》的政治报告，并作会议总结。全会的一个重要贡献是及时制定了相持阶段的战略方针和任务。全会判断：日本的战略进攻已接近顶点，

◎ 中共扩大的六届六中全会主席团成员合影

敌我持久相持的新阶段即将到来；在新阶段，日本将强化军事、政治和经济等方面的总体战，并将主要注意力转向保守占领区，在持久相持阶段，西方国家有可能对日妥协，中国内部可能出现悲观情绪和动摇叛变现象。

针对形势的变化和可能出现的问题，全会以坚持持久抗战为目的，提出：坚决抗战到底不动摇，反对妥协投降和一切分裂企图；深化战时军事、政治、经济、教育等各项政策；加强军队建设，大力发展敌后游击战争，建立和巩固更多的抗日根据地；发展巩固国内的抗日民族统一战线，并推动建立国际反法西斯统一战线。

全会特别强调：相持阶段到来后，敌后游击战争在全国抗战中的地位和作用将更加突出。在一些重要战略地区的游击战争，势必将遭到日军的残酷进攻，会出现非常艰苦的局面。因此，党应继续将工作重点放在敌后，把巩固和发展敌后游击战争作为党的军事战略的首要任务，并确定"巩固华北，发展华中、华南"为开展敌后游击战争的基本方针。

日本侵略者为了恢复和确保占领地区的"治安"，把中国共产党领导的敌后抗日根据地作为日、伪军进攻的主要对象。它们对抗日根据地实行严密封锁，切断其同外界的经济联系，同时加强军事进攻。日军进攻的重点是华北。1939年春以后，日本华北方面军制定"治安肃正计划"，实行以铁路为链、公路为环、据点为锁的"囚笼"政策，实行军事、经济、文化、特务一体的"总力战",封锁、分割、蚕食根据地,不时地集中兵力对根据地进行定期或不定期的疯狂"扫荡"。从 1938 年 11 月到 1940 年年底,仅华北地区日军出动千人以上的大规模"扫荡"就有 109 次,使用兵力总计 50 万人以上。因此,"扫荡"和反"扫荡"是敌后抗日根据地敌我斗争的中心内容,反"扫荡"成为抗日游击战争的主要作战形式。

抗日游击战争和抗日民主根据地是互为依存的。没有游击战争,根据地无法存在和发展,但没有根据地的巩固和发展,游击战争就不能长期坚持。为了坚持敌后持久抗战,发展和巩固抗日根据地,中共中央军委根据党的六届六中全会决定的"巩固华北,发展华中"的战略部署和华北、华中敌后的新形势,决定:八路军第一一五师主力挺进山东,第一二〇师主力进入冀中,第一二九师主力进入冀南、冀鲁豫等平原地区,帮助和配合地方党组织,放手发动群众,广泛深入地开展群众性游击战争,大力发展人民抗日力量,扩大和巩固抗日民主根据地。新四军部队也得到很大发展。1939 年 4 月 21 日,中共中央发出《关于发展华中武装力量的指示》,认为华中在战略上是联系华北和华南的枢纽,这里的游击战争和群众武装力量有广阔的发展余地,对于整个抗战前途关系甚大。为了提高部队的素质,更好地担负起新阶段的任务,八路军总部根据中共中央的指示,于 1939 年 2 月、6 月和 1940 年 1 月,接连发出整军训令,分批对主力部队和地方武装进行整训。各部队倾注极大的精力,利用战斗间隙，采取多种方法提高干部战士的军事、政治素养和文化水平。经过整军，提高了部队的素质，增强了作战能力，加强了党对军队的绝对领导。1940年2月10日，中共中央和中央军委规定八路军、新四军的战略任务是粉碎敌人的"扫荡"，坚持游击战争，打退投降派和顽固派的进攻，将华北、华中连接起来，建设民主的抗日根据地，巩固抗日民族统一战线，争取时局好转。

2. 华北各抗日根据地粉碎日、伪军的"扫荡"。1939—1940年，日军将进攻重点转向华北敌后各抗日根据地。为保卫和巩固抗日根据地，敌后军民展开一系列反"扫荡"战役战斗，消灭大量日、伪军。八路军依靠广大群众，利用山区有利地形，坚持山地游击战争；军民还一起破坏铁路、公路交通，利用道沟，在广阔的平原上发展平原游击战争。部队同群众结合，分散到各地摸清日军行动规律，集中优势兵力，出其不意地进行伏击歼灭战，取胜后迅速转移，再寻战机，不断消灭敌人，壮大自己。

北岳山区是晋察冀抗日根据地最高领导机构所在地。1938年9月至1939年年底，日军多次围攻北岳地区。1939年5月13—15日，八路军第三五九旅在上下细腰涧围歼日军500余人。9月下旬，第一二〇师部队在陈庄伏击战中全歼日、伪军1500余人。1939年10月中旬至12月上旬，晋察冀军区和第一二〇师部队针对日军的冬季大"扫荡"，连续作战100余次，仅在著名的雁宿崖伏击战和黄土岭围歼战中，就毙伤日军3600余人，打死号称"名将之花"的日军独立混成第二旅团旅团长阿部规秀中将。《新中华报》发表短评指出："抗战以来，敌军中将指挥官，在战场上被我击毙者，此还算是第一次。真值得我们兴奋！"在这次冬季反"扫荡"中，伟大的国际主义战士、加拿大共产党员诺尔曼·白求恩医生在抢救八路军伤员时感染病毒，于 11 月 12 日在河北唐县不幸病逝。他逝世后，中共中央发出唁电，延安各界于 12 月 1 日举行追悼大会。12 月 21 日，毛泽东写了《纪念白求恩》的文章，高度颂扬白求恩的国际主义和共产主义精神，号召学习白求恩毫无自私自利之心的精神，

◎ 白求恩在前线为伤员做手术

做"一个高尚的人，一个纯粹的人，一个有道德的人，一个脱离了低级趣味的人，一个有益于人民的人"。

晋冀豫抗日根据地所属太行区是八路军总部和第一二九师师部所在地。1939年3月，第一二九师主力由冀南回师太行，抗击日军的进攻。7月，日军5万余人对太行山区展开大"扫荡"。第一二九师各部分别对日军实施袭击和伏击，先后作战70余次，歼敌2000余人。12月，第一二九师各部对邯长公路及沿线据点实施破击作战，先后攻克黎城、涉县县城及23处据点，使太行抗日根据地南、北地区重新连成一片。

晋西北抗日根据地是连接陕甘宁边区与华北敌后抗日根据地的枢纽。1939年3月，日军分5路进攻晋西北抗日根据地。八路军第三五八旅在山西新军的配合下，粉碎日军进攻。在此期间，大青山地区的抗日游击战争得到发展。1939年春，大青山支队开辟了绥西、绥中及绥南3个游击区，大青山抗日游击根据地基本形成。

山东抗日根据地是连接华北、华中的纽带，战略地位重要。为加强山东工作，1939年3月，陈光、罗荣桓奉命率八路军第一一五师师部及第三四三旅第六八六团由晋西到达鲁西地区。首战樊坝，全歼伪军1个团800余人。5月下旬，日军出动2万余人寻歼八路军山东纵队主力。至7月上旬，山东纵队共作战70余次，粉碎了日军的大"扫荡"。

经过1年的艰苦反"扫荡"作战，华北各抗日根据地得到巩固和发展，八路军由 1938 年年底的 15.6 万余人，增加到 1939 年年底的 27 万余人，为长期坚持敌后抗日游击战争打下了坚实基础。

华北日军 1939 年的"扫荡"连遭失败后，认为在华北"中共军均已成为抗日游击战争的主力"，因此，日军华北方面军确定 1940 年的"讨伐重点将全面指向中共军"。对此，中共中央于 1940 年年初连续发出指示，要求华北各抗日根据地在巩固中求发展，做好抗击日军新攻势的各项准备。

按照中共中央部署，华北各抗日根据地开展了反"扫荡"斗争。1940 年，晋察冀抗日根据地各部队对日军先后发动的春季、夏季"扫荡"进行反击作战，取得战果。1940 年 2 月上旬，八路军第一二〇师主力由晋察冀返回晋西北抗日根据地。6—7 月，取得反击日军发动的夏季大"扫荡"的胜利，共作战 250 余次，歼灭日、伪军 4500 余人，收复多座县城。1940 年 6 月，冀鲁豫抗日根据地在取得反"扫荡"胜利后，八路军主力部队和地方武装已发展到 1.7 万余人。在山东，八路军第一一五师在鲁南地区继续发展，至 10 月完成了开辟鲁南，打通鲁南与鲁中、湖西、鲁西联系的战略任务，部队扩大为 7 个主力团、12 个新团，共 4.2 万人。1940 年 3—9 月，八路军山东纵队连续粉碎日军进攻，使以沂蒙山、泰山为依托的鲁中抗日根据地日益巩固。在此期间，胶东、清河、冀鲁边、湖西等抗日根据地军民先后粉碎了日军多次进攻，巩固和扩大了根据地。在晋冀豫地区，

◎ 群众欢迎凯旋的八路军

为粉碎日军的"囚笼"政策，1940 年 4—6 月，冀南八路军和数万民兵，对平汉铁路、白晋铁路及主要公路展开全面破击，打破了日军分割太行、太岳抗日根据地的企图。至此，晋冀豫抗日根据地形成了包括太行、太岳、冀南三大行政区和 15 个专区、115 个县的局面。八路军第一二九师也整编为 9 个旅及太行、太岳、冀南 3 个军区。

3. 新四军发展华中敌后战场。为了贯彻中共六届六中全会"发展华中"的战略部署，中共中央决定成立中原局，领导长江以北、陇海路以南广大地区的工作。1939 年 1 月 28 日，刘少奇从延安到达河南确山竹沟镇，正式建立中共中央中原局领导机关，刘少奇任书记，郭述申、朱理治、彭雪枫、郑位三等为委员。2月，周恩来受中共中央委托，到皖南同新四军领导人商定：新四军的战略任务是"向南巩固，向东作战，向北发展"。按照这一决策部署，新四军各部全面展开，华中敌后抗日游击战争发展到新阶段。

新四军第一支队、第二支队于1939年年初由苏南开始东进淞沪、北上扬州。至7月，第一支队在苏州、常熟、太仓和江阴、无锡一带开辟抗日游击根据地，并以一部北渡长江，控制了通扬运河以南沿江地区。其间，东进的新四军与日、伪军连续作战。11月，新四军组建江南指挥部，统一领导苏南第一、第二支队和地方武装；同时成立新的挺进纵队和苏皖支队，执行北渡长江，向扬州、泰州、仪征、天长、六合地区发展的任务。

新四军第四、第五支队进军津浦路两侧，开辟皖东抗日根据地。1938年11月，位于皖中地区的新四军第四支队一部先行进入淮南铁路以东的皖东地区。1939年5月，新四军组建江北指挥部，并成立第五支队。随后，第四、第五支队全力向东作战，分别开辟以定远县藕塘为中心的津浦路西（简称"路西"）和以来安县半塔集为中心的津浦路东（简称"路东"）抗日根据地，形成了新的皖东敌后抗日根据地。1940年3月，第四、第五支队已由东进时的7000余人扩大到1.5万余人。8月，津浦路东的第五支队继续东进，与南下的八路军第五纵队共同开辟淮（安）宝（应）区，打通了皖东、淮海两区的联系。

新四军游击支队创建豫皖苏抗日根据地。1938 年，新四军游击支队初步打开豫东局面后，又以建立豫皖苏抗日根据地为目的，大幅度向东连续跃进。1939 年年初，游击支队进入商丘、亳县、永城地区，5 月继续挺进蚌埠以东的淮上地区。为策应新四军游击支队的行动，八路军苏鲁豫支队和陇海南进支队各一部，于五六月间南下苏皖边地区。至 1939 年 11 月，豫皖苏抗日根据地已初具规模。1940 年 2 月，游击支队改称新四军第六支队，部队发展到 1.2 万余人。3 月中旬至 4 月初，第六支队粉碎日军的"扫荡"，使豫皖苏抗日根据地得到进一步巩固。

新四军在八路军的协同下开辟苏北抗日根据地。1939 年年底，新四军将开辟苏北抗日根据地作为进一步向东发展的重点。此时国民党顽固派已将反共重心转向华中，并对江北新四军展开进攻。鉴于此，中共中央决定以八路军一部南下，配合新四军开辟苏北抗日根据地。1940 年 6 月，八路军第二纵队共 1.2 万余人南下进入豫皖苏抗日根据地，与新四军第六支队合编为八路军第四纵队。此后，八路军苏鲁豫支队跨过陇海铁路抵达泗县。8 月，中共中央中原局决定将第四纵队编成八路军第四、第五纵队。整编后的第五纵队主力随即东渡运河，挺进苏北，初步开辟了淮海抗日根据地。在此期间，新四军江南指挥部主力陆续北渡长江，支援先期进入苏北沿江地区的挺进纵队和苏皖支队。7 月，新四军江南指挥部改称苏北指挥部，并将江北新四军各部整编为第一、第二、第三纵队。新四军北上苏北的行动，遭到日军和国民党顽固派军队的双重夹击。为了打破日军和国民党顽固派军队的阻挠，新四军一面对日军作战，一面对国民党顽固派军队的进攻进行自卫反击，先后取得郭村战斗和黄桥决战的胜利。10 月 10 日，北上的新四军与南下的八路军第五纵队会师。至此，新四军、八路军协同开辟苏北抗日根据地的战略任务基本完成。

新四军军部及第三支队坚守皖南。新四军各部东进、北上期间，留守皖南的新四军军部及第三支队连续击退日军的进攻。至 1939 年年底，皖南新四军与日军作战 200 余次，保卫了皖南抗日根据地。1940 年 4 月，日军大举进犯皖南。新四军各部分头御敌，迫使其撤退。10 月上旬，日军再次大规模"扫荡"皖南，其中一路直扑新四军军部驻地云岭。皖南新四军主力与日军鏖战，挫败了日军进攻云岭的企图，并收复了国民党军丢失的泾县县城。

新四军挺进纵队开辟豫鄂边抗日根据地。为了打开豫鄂边区抗日游击战争的局面，1939 年 1 月，中共中央中原局派出几百人的小部队，从河南省确山竹沟出发，连续跃进至豫南和鄂中地区。6 月中旬，豫南、鄂中地区的游击武装整编为新四军豫鄂独立游击支队，击退日军多次进攻，巩固了刚刚建立的豫鄂边抗日根据地。11 月，豫南、鄂中、鄂东 3 个地区的部队统一整编为新四军豫鄂挺进支队。1940 年 2—6 月，由挺进支队改称的豫鄂挺进纵队主力南渡襄河，向西进入刚被日军占领的白兆山和坪坝地区。此后，豫鄂挺进纵队在连续击退日军对坪坝的进攻的同时，继续向周边地区扩展。至 1940 年年底，豫鄂边区已建立 9 个县的抗日民主政权。豫鄂挺进纵队也发展为拥有 1.4 万余人的主力部队。

1940 年 11 月，为统一对华中八路军、新四军的领导，按照中共中央的指示，成立华中总指挥部，叶挺任总指挥，刘少奇任政治委员，陈毅任副总指挥（叶挺抵达苏北前由陈毅代理总指挥）。到 1940 年年底，新四军在两年多的敌后抗日游击战作战中，展开于南京、上海、武汉、徐州、开封外围，直接威胁敌人的统治中心地区，共对日、伪军作战 2700 次，毙伤俘敌 5.5 万人，缴获大批武器、装备，在华中建立了皖东、豫皖苏、皖东北、苏北等抗日根据地，扩大了苏南、皖中根据地，沟通了华北与华中抗日根据地的联系。新四军主力部队发展到 9 万人，地方武装和不脱产的地方武装数十万人。

4. 华南人民抗日游击队开辟华南敌后战场。广州失陷后，日军占领广九铁路两侧 10 多座县城。1939 年 1 月，中共广东省委决定以东江、琼崖地区为重点，积极发展武装力量，使这两个地区成为长期抗战的重要根据地。

在东江地区，中共地方组织先是建立惠（阳）宝（安）人民抗日游击总队，继而于 1939 年 1 月在东莞组建东（莞）惠（阳）宝（安）边人民抗日游击大队。这两支游击部队一度以国民党军名义建立抗日游击根据地。1940年9月，为摆脱国民党的限制和挤压，中共东江特委决定独立开展抗日游击战争，并着手组建广东人民抗日游击队，将上述两支部队改为游击队的第三、第五大队。10月，这两个大队战斗在广九路两侧和大岭山、阳台山区，在敌后开辟了东莞大岭山和宝安阳台山抗日根据地，独立自主开展敌后抗日游击战争。此后，游击队发展为广东人民抗日游击队东江纵队。广州市郊人民抗日游击队第二支队也在斗争中发展起来。

珠江三角洲的南海、番禺、顺德、中山4县位于广州以南地区。1938年10月，日军攻占南海、番禺及顺德后，中共地方组织立即建立了广州市区游击第二支队，先后取得多次作战胜利。1940年夏，该部队建立了以顺德西海村为中心的抗日根据地，并于当年11月击退进犯的日军，取得了西海保卫战的胜利。

海南岛是琼崖红军游击队活动的地区。1938年10月，中共琼崖特委与国民党当局达成合作抗日协议，将长期战斗在海南岛的琼崖红军游击队改编为广东民众抗日自卫团第十四区独立队。12月初改编后，独立队团结汉、黎、苗族人民坚持抗日游击战争。1939年3月，独立队改称独立总队，部队由300余人扩大为1400余人。独立总队各部频繁袭击日军，并打退日军的"扫荡"。6月，为避开日军和国民党顽固派军队的夹击，独立总队主力转移到琼崖西部建立抗日根据地。1940年2月，独立总队以两个大队坚持琼文抗日游击根据地，其余部队西进至美合地区，建立新的抗日根据地。至 1940 年冬，独立总队发展到 3000 余人，成为琼崖抗日游击战争的主要力量。

中国共产党领导的华南抗日游击队，创建和发展了琼崖、东江和珠江等抗日游击根据地，粉碎日、伪军一次次的"清乡"和"扫荡"，打退国民党顽固派的多次进攻，壮大了自己。他们的斗争，得到当地人民群众、港澳同胞和海外爱国侨胞的支持和帮助。

香港、澳门是抗战时期中国获取海外援助的重要中转地。港澳同胞积极参加各种抗日救亡活动。宋庆龄领导的"保卫中国同盟"长期以香港为基地，在港澳同胞的支持下，联络海外侨胞，募集大量捐款，支援祖国抗战。中国共产党利用香港特殊的环境和条件，联络国际反法西斯力量支援中国抗战，组织开展抗日文化运动。香港沦陷后，香港同胞与日本侵略者展开各种形式的斗争，党领导的东江纵队在香港地区营救了大批文化人和国际友人。

5. 东北抗日联军在东北敌后战场的作战。全国抗战爆发后，在极其艰苦的条件下，东北抗日联军继续坚持抗日游击战争。

在南满地区，抗联第一路军从 1937 年 7 月起的半年多时间里，与日、伪军作战数十次。1938 年 3—8 月，第一路军连续取得奇袭战、袭击战、伏击战和拔点作战的胜利，将南满地区的抗日游击战争推向新的高潮。

在吉东地区，抗联第四、第五、第七、第八、第十军，在西起哈（尔滨）长（春）线东侧，北达松花江右岸，东抵乌苏里江畔的广大地区，积极发动进攻。1937 年 7—8 月，吉东抗联部队连续取得一系列战斗的胜利，给日军以沉重打击。9 月，吉东各抗日部队合组为抗联第二路军，随后在下江地区与日军展开持续数月的冬季反"讨伐"作战。1938 年 4—7 月，第二路军以第四、第五军主力分两路西征。随后，由于遭到优势日军的围堵，抗联西征部队转为分散游击并开始东返。在战斗中，涌现出两个英雄群体。1938 年 3 月，日、伪军兵分数路向吉林省宝清县（今属黑龙江省）境内的东北抗日联军第二路军第五军发起进攻。抗联第五军第三师第八团第一连 12 名指战员，在小孤山战斗中英勇抗击日本侵略军，壮烈牺牲。他们是连长李海峰，指导员班路遗，排长朱雨亭，战士魏希林、陈凤山、李芳邻、夏魁武、王仁志、张全富、杨德才、王发、李才。抗联第二路军总部为烈士举行追悼大会，将小孤山命名为"十二烈士山"。10 月上旬，第五军一部突围东返时，在牡丹江支流乌斯浑河边与日军遭遇。冷云等 8 名女战士为掩护主力突围浴血奋战，弹尽后一起投入滚滚浪涛之中，谱写了"八女投江"的壮烈史诗。这 8 名女战士是：第五军妇女团指导员冷云，班长胡秀芝、杨贵珍，战士郭桂琴、黄桂清、王惠民、李凤善和被服厂厂长安顺福。

北满松花江下游两岸和小兴安岭西麓地区的抗联第一、第六、第九军及独立师（1937 年 10 月改编为第十一军）积极向外出击。至 1938 年 6 月，各军连续与日军作战数百次。1939 年 5 月，北满抗联的 4 个军正式组成抗联第三路军，所属部队活动于黑龙江省北部十几个县境内，成为日军眼中"北部国防线上的心腹之患"。

面对东北抗联的发展壮大和抗日游击战争的广泛开展，日军不断实施高密度、大规模的军事"讨伐"，东北抗日游击战争开始进入极端艰苦的阶段。1938 年 7 月中旬，南满的抗联第一路军缩编为 3 个方面军，实施分区作战，仅 1939 年就与日军作战 276 次，平均每个月 23 次。1939 年 10 月起，第一路军被迫分散活动。其中，第一路军总司令杨靖宇率领 400 余人在零下 40 多摄氏度的环境中连续战斗，部队损失殆尽。1940 年 2 月 23 日，

◎《杨靖宇殉国》油画

杨靖宇孤身与日军周旋 5 天后，在吉林濛江县西南的三道崴子被敌人包围，面对众敌，他毫无惧色，手握双枪与敌人顽强战斗，直到流尽最后一滴血。他牺牲时年仅 35 岁。残暴的日军割下他的头颅，剖开他的腹部，发现胃里没有一颗粮食，全是枯草、树皮和棉花。这种威武不屈、战斗到最后一息的英雄气概，使日军也为之震惊。抗战胜利后，为了纪念这位民族英雄，当时的人民政府将濛江县更名为靖宇县。

1940 年春，东北抗联各军的根据地大都遭到破坏，部队从 3 万余人锐减至不足 2000 人。1940 年 12 月 8 日，第一路军第三方面军指挥陈翰章在突围战斗中牺牲。1941 年 2 月，第二路军第十军军长汪雅臣负伤被俘牺牲。3 月 8 日，第一路军副总司令魏拯民因疾病、冻饿牺牲于密林之中。面对持续恶化的形势，从 1940 年 12 月开始，抗联各部除少数部队继续在北满地区和饶河一带坚持斗争外，其余部队陆续退入苏联境内，并于 1942 年 8 月合编为东北抗日联军教导旅，一面整训，一面不断派小分队进入东北开展游击战，直至抗日战争结束。1942 年 2 月，曾任东北抗联第三军军长、第二路军副总指挥的赵尚志在率领抗联小分队袭击鹤立（今鹤岗）梧桐河伪警察所时，身负重伤后被俘，面对审讯大义凛然、痛斥敌人。他拒绝医治，壮烈殉国，年仅 34 岁。凶残的日军把他的头割下运到长春，他的躯体被扔到冰冷的松花江中。抗战胜利后，当时的人民政府为纪念抗日英雄赵尚志，将珠河县更名为尚志县。

在艰苦卓绝的东北抗日游击战争中，李兆麟和他的战友们创作了《露营之歌》，充分表现了东北抗联的英雄们不畏强暴、英勇不屈的精神和夺回我河山的坚强意志，极大地鼓舞了抗联指战员的斗志。歌中唱道："铁岭绝岩，林木丛生，暴雨狂风，荒原水畔战马鸣。围火齐团结，普照满天红，同志们！锐志哪怕松江晚浪生。起来哟！果敢冲锋，逐日寇，复东北，天破晓，光华万丈涌。""朔风怒吼，大雪飞扬，征马踟蹰，冷气侵人夜难眠。火烤胸前暖，风吹背后寒，壮士们！精诚奋发横扫嫩江原。伟志兮，何能消减，全民族，各阶级，团结起，夺回我河山。"

从1938年冬到1940年两年多的时间里，敌后游击战争在广大地区内积小胜为大胜，逐步歼灭日军的有生力量，使人民抗日力量在战斗中发展壮大起来。除东北抗日联军在极端恶劣的环境中遭受挫折外，中国共产党领导的八路军、新四军已发展到50余万人，组建了大量地方武装和民兵。在华北、华中、华南等地区创建了16块抗日根据地，即晋察冀、晋冀豫、晋绥、冀鲁豫、豫鄂边、山东、皖东北、皖东、皖中、皖南、苏南、苏中、苏北、豫皖苏、东江、琼崖根据地，加上陕甘宁边区，中国共产党领导的抗日根据地已拥有1亿多人口，在全民族抗战中发挥着日益重大的作用。在进入战略相持阶段后的两年中，中国共产党领导的敌后战场抗击了58%至62%的侵华日军和几乎全部伪军，粉碎了日军千人以上至5万人的"扫荡"近百次，作战 1 万余次，成为名副其实的全国抗战的重心。

（三）百团大战

1940 年 8 月至 1941 年 1 月，八路军在华北发动了一次大规模的对日军的进攻作战。八路军总部发动这次进攻作战，主要是由于中国出现了"空前投降危险与空前抗战困难"。1939 年 9 月，希特勒出兵进攻波兰，英、法对德宣战。德国法西斯的嚣张气焰极大地鼓舞了日本侵略者。1940 年 5—6 月，随着德国占领西欧，欧洲战局急剧逆转，日本更加急切地要征服中国，加强了对中国的军事、政治和外交攻势。日本侵略者一方面对国民党蒋介石集团加紧逼降和诱降；另一方面对敌后抗日根据地加紧推行"囚笼"政策，进行"扫荡""蚕食""清乡"。在严峻的国际形势和日军的强大压力下，国民党及其政府内部出现了动摇妥协倾向。为振奋全国军民的抗战精神，遏制国民党及其政府的妥协危险，也为打破日军对华北各抗日根据地的"囚笼"政策，八路军总部决定实施一次大规模攻势作战。

这次进攻作战，陆续参战的部队达到 105 个团，约 20 万人，故被称为百团大战。百团大战分为 3 个阶段。第一阶段：8 月 20 日至 9 月 10 日，主要是交通破击战。在此阶段，晋察冀军区和第一二九师各部对正太铁路全线发起突袭，猛烈攻击沿线的日军据点和井陉煤矿。同时，八路军第一二〇师对同蒲铁路北段和晋西北主要公路展开破击。冀南、冀东、冀中和太岳等其他地区的八路军和游击队，也对各自当面的日军交通线展开广泛的破击战。参战部队、游击队、民兵同时向日、伪军发起攻击，破坏正太、同蒲、平汉、石德、平绥、北宁、津浦、白晋等铁路交通线，歼灭大量日、伪军，一度攻占了日军坚固设防的天险娘子关。日、伪军猝不及防，仓皇应战，顾此失彼，损失惨重。9月20日，延安各界召开庆祝百团大战胜利大会，并致电八路军，鼓励他们再接再厉，继续奋战。第二阶段：9月22日至10月上旬，主要是继续袭击交通线两侧的日、伪军，摧

◎ 破袭正太铁路

毁深入根据地内的日军据点。在此阶段，晋察冀军区部队发起涞（源）灵（丘）战役，连续攻克日军数十处据点。第一二九师发起榆（社）辽（县）战役，相继攻克多处据点和榆社县城。第一二〇师各部再次对同蒲铁路展开破击，使同蒲铁路北段交通又一次陷入瘫痪。由于日军已有准备，八路军各部队在连续作战中过于疲劳，牺牲较大，除榆社一度攻占外，其余均未攻克，没有达到预期的拔除据点的目的。第三阶段：10月6日至1941年1月24日，主要是展开英勇的反"扫荡"作战。日军连续遭到两次大规模攻击后，遂调集重兵反扑。1940年10月上旬至11月上旬，第一二九师各部转入反"扫荡"作战，迫使反扑的日军撤回原据点。11月17日至12月5日，太岳军区八路军连续进行10余次战斗，重创来犯日军，迫使日军撤出太岳区。在此阶段，日军还对晋察冀、晋西北抗日根据地发起反扑。至1941年1月，晋察冀军民粉碎日军对平西、北岳抗日根据地的进攻，晋西北八路军也将日军全部逼回至原驻地。

百团大战中，八路军指战员不怕牺牲、英勇杀敌，取得重大战果。据八路军总部统计，截至1940年12月5日，参加百团大战的八路军共进行大小战斗1824次，毙伤日军20645人、伪军5155人，俘虏日军281人、伪军18407人，日军自动投诚者47人、伪军反正者1845人；缴获枪械5942支（挺）、各种火炮53门、骡马1510匹等大量军用物资；摧毁据点2993个，破坏铁路474公里、公路1502公里，破坏煤矿5个。八路军伤亡 1.7 万余人。

百团大战给日军企图分割华北各抗日根据地军民的"囚笼"政策以沉重打击，钳制了日军大量兵力，打击了日军的侵略气焰，巩固了华北抗日根据地，并迫使日军不得不进一步从正面战场抽调兵力对付敌后抗战力量，从而策应了正面战场的作战。百团大战锻炼了人民军队，提高了共产党和八路军的威望。百团大战的事实有力驳斥了国民党顽固派对八路军"游而不击"的污蔑，抑制了国民党内对日妥协的倾向，在全国抗战面临严峻考验的关键时刻振奋了全国的抗战信心。百团大战中，蒋介石于1940年9月11日致电朱德、彭德怀说："贵部窥此良机，断然出击，予敌甚大打击，特电嘉奖。"

（四）正面战场的对日作战

武汉会战后，日军停止对正面战场国民党军队的大规模战略进攻，转而采取机动的牵制性的有限攻势和旨在切断中国与外界联系的封锁作战。国民党当局虽然逐步失去抗战初期的抗日积极性，但还在继续抗战，进行了一些抗击日军攻势的作战，主要包括武汉外围地区的作战、沿海地区的反封锁作战以及1939年冬季攻势作战等。1939年2月，日军经过周密准备一举攻占海南岛后，于3月发动攻占南昌和截断浙赣路的作战；5月，发动襄（阳）东作战（随枣战役）；9月，发动湘赣作战（第

◎ 第三次长沙会战中国军队的机枪阵地

一次长沙战役）和攻取南宁的作战（桂南战役）。日本在军事战略方面的目标，主要是巩固武汉外围据点和切断中国华南沿海补给线路，以进一步向蒋介石集团施加压力。南昌战役开始，国民政府统帅部调集部队，企图固守南昌，没有成功，南昌迅速落入日军手中，后组织反攻，欲夺回南昌，再次受挫。随（县）枣（阳）战役和第一次长沙战役，经过激烈战斗，击退日军的进攻，恢复原来的防线。在桂南战役的反击作战中，国民党军队取得昆仑关作战的重大胜利，并击毙日军第五师团第 21 旅团旅团长中村正雄，但未能夺回南宁。1940 年 3 月，傅作义指挥的绥西战役取得重大胜利。1939 年至 1940 年卫立煌指挥的第四集团军等在中条山西部多次粉碎日军的进攻，守住了中条山防线。1939 年 12 月至 1940 年 3 月，国民党军队在北起绥远、南至广西的整个正面战场发起冬季攻势，全国各战区几乎都参加作战，参战兵力占全军一半以上。这次较大规模的攻势作战，是全国抗战爆发以来中国军队在正面战场统一部署的全线进攻作战，给予日军以相当大的打击。1940 年 3 月的五原大捷取得全歼日军特务机关和伪蒙军 4000 余人，击毙日军中将、大佐、中佐各 1 名的战绩。但是，由于各战区没有按统一计划行动，各部队之间缺乏协同，行动不坚决，再加上普遍缺乏攻坚能力等原因，此次攻势未能取得显著改变战局的战果。在 1940 年 5 月开始的枣（阳）宜（昌）会战中，第三十三集团军总司令张自忠将军在与日军的激战中，从容指挥，率部冲杀，身负重伤，于 5 月 16 日在南瓜店殉国。此战后，国民政府颁布褒恤令，中国共产党在延安为张自忠等殉国将领举行隆重的追悼大会。毛泽东为张自忠题写了"尽忠报国"的挽词。

五 "坚持抗战，坚持统一战线，坚持持久战，最后胜利必然是中国的"

国难当头，国共两党虽然实现了合作抗日，但由于复杂的国际国内形势，由于国共两党间存在着两条不同的指导路线，因此，中国共产党如何贯彻执行全面抗战路线，正确处理民族斗争和阶级斗争的关系，正确处理抗日民族统一战线中的统一和独立、团结和斗争的关系，就成为对抗战成败具有决定性意义的问题。

（一）中国共产党统一战线中独立自主原则的提出

全国抗战爆发不久，1937年8月，毛泽东在洛川会议上指出，要坚持统一战线，巩固扩大统一战线，同时要保持共产党在政治上、组织上的独立性，坚持统一战线中的无产阶级领导权。11月12日，毛泽东在《上海太原失陷以后抗日战争的形势和任务》的报告中强调，坚持党在统一战线中的独立自主原则，是把抗日民族革命战争引向胜利之途的中心一环。独立自主原则，就是在统一战线中实行既统一，又独立，对国民党采取又团结又斗争、以斗争求团结的方针；保持共产党在思想上、政治上和组织上的独立性；坚持中国共产党对八路军、新四军和其他人民军队的绝对领导，冲破国民党的限制和束缚，努力发展人民武装力量。

然而，在这个问题上，中共中央内部却发生了分歧。1937年11月底，中共驻共产国际代表、共产国际执行委员会委员、主席团委员和候补书记王明从苏联回国。共产国际认为，中国共产党和工人阶级的力量比较弱小，中国的抗战应该依靠以蒋介石为首的国民党，中共要运用法国共产党"一切为了人民阵线""一切经过人民阵线"的经验，做到共同负责、共同领导。王明到达延安后，12月9—14日，中共中央召开政治局会议。王明在会上作题为《如何继续全国抗战与争取抗战胜利呢？》的报告，推行共产国际的"新政策"，否认统一战线中的独立自主原则。12月11日，毛泽东在讲话中对独立自主和独立自主的山地游击战，国民党营垒左、中、右的不同倾向，国共两党谁吸引谁，群众救亡运动中的迁就主义，统一战线中"和与争"的对立统一，改造政府和改造军队的必要性等问题，作了有针对性的阐述和进一步的解释。

王明在全国抗战初期的右倾错误，对党在局部地区的工作造成了消极影响。

1938年3月中央政治局会议后，中共中央派任弼时去莫斯科，向共产国际说明中国抗战的情况和国共两党的关系，以加强相互了解。这时，王稼祥已接替王明担任中共驻共产国际代表。4月14日，任弼时代表中共中央向共产国际提出《中国抗日战争的形势与中国共产党的工作和任务》的书面报告大纲；5月17日，他在共产国际会议上对报告大纲作了说明。6月11日，共产国际执委会主席团根据中共代表的报告作出决议，确认中国共产党的政治路线是正确的，赞同加强、巩固和扩大八路军、新四军，继续大力开展敌后游击运动，坚持统一战线中中国共产党在政治上、组织上的独立性。在王稼祥回国前夕，季米特洛夫接见了王稼祥和任弼时（任弼时接替王稼祥任中共驻共产国际代表团团长）。他说："中国共产党的领导人毛泽东同志是久经考验的马克思列宁主义者。中国目前仍然应该坚持与国民党又合作又斗争的原则，警惕重复第一次国共合作的悲剧。"他还说："应该告诉大家，应该支持毛泽东同志为中国共产党的领导人，他是在实际斗争中锻炼出来的。其他人如王明，不要再去竞争当领导人了。"王稼祥回国后，9月14日，他在中央政治局会议上传达了共产国际和季米特洛夫的指示。

1938年9—11月召开的中共扩大的六届六中全会再次强调

全党同志要认真地负起领导抗日战争的重大历史责任，基本上纠正了全国抗战初期王明的右倾错误。全会通过的《中共扩大的六中全会政治决议案》，批准了以毛泽东为首的中央政治局的路线。全会号召全党同志努力学习马克思列宁主义理论，善于把马克思列宁主义的一般原理和国际经验应用于中国的具体环境，把马克思主义中国化，提倡新鲜活泼的、为中国老百姓所喜闻乐见的中国作风和中国气派。全会决定撤销长江局，设立南方局（周恩来为书记）和中原局（刘少奇为书记）。会议决定充实北方局，由朱德、彭德怀、杨尚昆组成北方局常务委员会，杨尚昆任书记。这次全会是一次具有重大历史意义的会议。毛泽东后来在党的七大上说："六中全会是决定中国之命运的。"全会正确分析了抗日战争的形势，规定了党在抗战新阶段的任务，对抗日战争进行了全面的战略规划，在遵义会议基础上进一步巩固了毛泽东在全党的领导地位，统一了全党的思想和步调，推动了各项工作的迅速发展。

毛泽东在全会上所作的结论中，专门讲了统一战线中的独立自主问题。他指出，用长期合作支持长期战争，就是说使阶级斗争服从于今天抗日的民族斗争，这是统一战线的根本原则。在此原则下，保存党派和阶级的独立性，保存统一战线中的独立自主；不是因合作和统一而牺牲党派和阶级的必要权利，而是相反，坚持党派和阶级的一定限度的权利；这才有利于合作，也才有所谓合作。否则就是将合作变成了混一，必然牺牲统一战线。在民族斗争中，阶级斗争是以民族斗争的形式出现的，这种形式，表现了两者的一致性。一方面，阶级的政治经济要求在一定的历史时期内以不破裂合作为条件；又一方面，一切阶级斗争的要求都应以民族斗争的需要（为着抗日）为出发点。这样便把统一战线中的统一性和独立性、民族斗争和阶级斗争，一致起来了。他强调："我们的方针是统一战线中的独立自主，既统一，又独立。"

中国共产党高度重视统一战线工作，为此，大力加强党在国民党统治区和沦陷区的工作。当武汉即将沦陷时，国民政府迁往重庆。根据扩大的六届六中全会在重庆设立中共中央南方局的决定，1939 年 1 月 16 日，南方局在重庆正式成立，周恩来

◎ 南方局、八路军驻渝办事处旧址——红岩村

为书记，博古、凯丰、吴克坚、叶剑英、董必武为常委。南方局是抗战时期中共中央派驻重庆，领导南方国民党统治区和部分沦陷区党的工作的机构，直接领导四川、云南、贵州、湖北、湖南、广东、广西、江苏、江西、福建以及香港、澳门地区的党组织。由于国民党不允许共产党组织在其统治区内公开活动，因而南方局处于秘密状态，其领导人对外以中共代表或国民参政员的身份出面活动。1943 年 6 月，周恩来回延安参加整风学习和中共七大筹备工作后，改由董必武主持南方局工作。南方局成立后，在国民党统治区极其复杂的情况下，高举抗日民族统一战线的旗帜，创造性地贯彻执行党的路线方针政策，贯彻抗战、团结、进步的方针，团结和领导人民群众同顽固势力进行不屈不挠的斗争，无论在党的建设（秘密的和公开的）、统一战线（上层的和下层的）、宣传文化和群众工作（合法的和非法的）等方面，都进行了艰苦细致的工作，作出了出色的成绩。主要是：通过《新华日报》和《群众》周刊，宣传中国共产党的主张；发动工农群众和团结各阶级、阶层，支援敌后抗战；对反对抗战、团结、进步的投降派和顽固派，进行坚决而灵活的斗争，维护全民族抗战的局面。南方局特别重视加强对中间派的工作。周恩来等同民主党派无党派代表人物、国民党内的民主派、地方实力派、著名知识分子广泛接触，共商国是，逐步取得他们的了解和信任，扩大了抗日民族统一战线。通过近 8 年卓有成效的工作，南方局为巩固和发展抗日民族统一战线，推动抗战时期民主运动的发展，提高共产党在全国的威望及世界影响，作出了重要贡献。南方局工作是抗日战争时期党的全部工作的重要组成部分。

中国共产党还通过多种方式加强对西北国民党统治区的工作。1938年11月成立中共中央西北工作委员会，主持陕甘宁边区以外西北各省国民党统治区党的工作。1941年5月，中共中央西北工作委员会和陕甘宁边区中央局合并，成立中共中央西北局，统一领导整个西北地区党的工作。中共代表谢觉哉和八路军驻甘办事处积极联系甘肃各界人士，逐步打开了甘肃统一战线工作的局面，为抗战胜利作出重要贡献。中共中央先后派陈云、邓发、陈潭秋以及毛泽民等100多名共产党员到新疆工

◎ 八路军驻新疆办事处旧址——迪化市八户梁大院

作。党通过八路军驻新疆办事处以及新疆反帝同盟联合会这一合法的统一战线组织，团结和促进新疆各族人民开展抗日斗争，发展新疆的经济和文化教育事业，保证国际交通运输线的畅通，支援了全民族抗战。

（二）坚持抗战、团结、进步的方针

抗日战争进入战略相持阶段后，日本的侵华方针发生重大变化，对国民党政府从以军事进攻为主、政治诱降为辅转变为以政治诱降为主、军事打击为辅的方针。军事上，逐渐将其主要兵力用于打击在敌后战场的八路军和新四军。在其占领区内，则加紧扶植傀儡政权，建立和发展汉奸组织。这时，各资本主义国家的经济危机正在促使世界各种基本矛盾进一步加剧。欧洲大陆上空战云密布，德、意、日法西斯国家互相利用、互相勾结。英、美为了应付德、意在欧洲挑起的战争，在东方力求在一定条件下牺牲中国以求同日本妥协，使日本不至于和希特勒站在一起来反对英、美，因此，也对国民党政府进行劝降活动。在这种形势下，中国内部各种潜伏的问题逐渐暴露出来，国民党统治集团内的投降、分裂、倒退活动日益严重，其中对日妥协和内部分裂的危险成为最突出的问题。能否克服这些内部危险，成为战略相持阶段坚持抗战的一个关键性问题。

1.反对投降分裂倒退逆流。日本侵略者占领武汉、广州后，

◎ 敌后抗日根据地军民举行坚持团结抗战、反对投降分裂活动的集会

鉴于军事上迅速战胜中国已不可能，遂企图利用中国内部尤其是国民党内部的矛盾，达到分化瓦解中国抗战力量的目的。为此，日本将以汪精卫为首的集团列为诱降的主要对象。汪精卫担任国民党副总裁、中央政治委员会主席、国防最高会议副主席、国民参政会议长，以他为代表在国民党内形成了亲日派。1938 年 11 月，日汪双方代表就汪精卫集团另组伪政权、推行与日本的"和平运动"等问题达成协议。在日本政府的诱降下，汪精卫逃到越南，12 月 29 日在河内发表所谓"和平建议"，提出与日本"恢复和平"。汪精卫集团的叛国行径遭到国共两党及全国各界人士的强烈反对和讨伐。1939 年 1 月 1 日，国民党中央通过永远开除汪精卫党籍、撤销其一切职务的决议。1 月 24 日，

中共中央致电国民党，表示拥护对汪精卫的制裁，要求进一步加强国共两党以及各抗日党派和全国人民的团结，以粉碎日本正在加强的分化中国内部的阴谋。全国各界及著名人士纷纷写文章、发通电，声讨汪精卫集团。但是，汪精卫集团继续进行投降活动。5月31日，汪精卫与日本商定建立伪中央政府的有关问题，12月，又与日本秘密签订《日华新关系调整要纲》及《秘密谅解协议》，其中规定了承认"满洲国"和日本在内蒙古、华北、长江下游、厦门、海南岛地区的驻兵权等出卖中国主权的条款。1940年3月，日本占领区内的统一的伪中央政府——"中华民国国民政府"在南京正式成立，由汪精卫任行政院院长、代理政府主席。在声势浩大的全国性抗日讨汪浪潮中，汪精卫集团沦为全体中国人民所不齿的民族败类。

以蒋介石为代表的国民党亲英美派集团虽然继续抗日，但表现出很大的动摇性。1939年欧洲战争爆发后，日本为抓住重新瓜分世界的大好机会，急于从中国战场脱身，决定对国民党发动新的诱降攻势。日方人员多次与国民党方面人员接触。1940年2月21日，日军大本营正式决定以"桐工作"为代号，与国民党方面谈判结束战争问题。3月和6月，双方代表分别在香港、澳门举行两次谈判，并商定8月初在长沙举行蒋介石与日本中国派遣军总参谋长板垣征四郎的高级会谈。为了配合对国民党诱降的"桐工作"计划，日本施加了一系列军事和外交压力。面对复杂多变的形势，国民党出现了抗战以来最严重的动摇和妥协。中国共产党敏锐地觉察到国民党对日妥协倾向。7月7日，中共中央发表宣言指出："现在是中国空前投降危险与空前抗战困难的时期……全国应该加紧团结起来，克服这种危险与困难。"为克服这一严重危机，中共除了持续开展坚持抗战、反对妥协的宣传外，还命令八路军在华北发起百团大战，以鼓舞全国人民的抗战信心，遏制妥协暗流的发展，并减轻正面战场面临的压力。在此期间，美国鉴于日本已与德国、意大利结成军事同盟，对日态度趋于强硬。面对新的形势变化，国民党放弃了与日本妥协的尝试。日军大本营被迫于10月下令停止"桐工作"。

2. 击退国民党顽固派的三次反共高潮。抗日战争进入相持阶段后，以蒋介石为代表的国民党当局表现出严重的倒退倾向。1939年1月下旬，国民党召开五届五中全会。会议虽坚持了抗战立场，但在国共关系问题上出现倒退，确定了"溶共""防共""限共""反共"的方针。会后设立防共的"特别委员会"。国民党中央制定《防制异党活动办法》《共党问题处置办法》《沦陷区防范共党活动办法》等一系列反共文件，对中共进行防范、限制、排斥乃至打击。11月，国民党召开五届六中全会，将"政治限共为主，军事限共为辅"发展为"军事限共为主，政治限共为辅"。国民党在其统治区内大肆进行反共宣传，加强"中统""军统"等特务机构的活动，在一些地区设立集中营，囚禁和杀害共产党员、爱国人士和进步青年。国民党的政策调整，对国共两党关系和抗日民族统一战线产生了严重而深远的负面影响。

在巩固和扩大抗日民族统一战线中，如何正确处理民族斗争和阶级斗争的关系，是摆在中国共产党面前的一个重要而复杂的问题。中共中央认为，在抗日战争时期，民族矛盾是第一位的，阶级斗争必须服从民族斗争，但不能否认阶级斗争，必须以阶级斗争促进民族斗争。对蒋介石集团必须实行又联合又斗争的政策，保证党在复杂的环境中能够清醒地驾驭整个局势的发展。面对妥协、分裂、倒退的逆流，中国共产党针锋相对地提出坚持抗战、团结、进步的方针，坚决打击卖国的汉奸汪精卫，继续争取同蒋介石集团维持国共合作，巩固并扩大抗日民族统一战线。1939 年 7 月 7 日，中共中央发出《为抗战两周年纪念对时局宣言》，旗帜鲜明地提出："坚持抗战到底——反对中途妥协！巩固国内团结——反对内部分裂！力求全国进步——反对向后倒退！"[①]这个口号的提出，使全党步调一致，也帮助党外许多人清醒地认识到国内政治局势中正在出现的严重危机，分清大是大非。

国民党五届五中全会后，各地的反共磨擦日趋严重。国民

---

① 毛泽东在同中央社、扫荡报、新民报 3 名记者的谈话中，将这三大方针改为："坚持抗战，反对投降；坚持团结，反对分裂；坚持进步，反对倒退。"1940 年 2 月 7 日，毛泽东在为延安《新中华报》改版 1 周年纪念写的文章《必须强调团结和进步》中，又简化为"抗战、团结、进步"，指出："抗战、团结、进步，这是共产党在去年'七七'纪念时提出的三大方针。"

党顽固派连续制造了陕西旬邑事件、山东博山惨案、河北深县惨案、湖南平江惨案和河南确山惨案等袭击和杀害共产党领导的抗日军民或后方工作人员的严重事件，甚至发展到武装进攻共产党领导的人民军队和抗日根据地。

1939年冬至1940年春，国民党顽固派制造以晋西事变为主的一系列反共武装磨擦事件，掀起第一次反共高潮。在山西，阎锡山所部发动晋西事变（又称"十二月事变"），进攻共产党领导的八路军和山西新军。国民党在中条山的部队也采取同样的军事行动。1939年12月，国民党军队进攻陕甘宁边区，先后侵占5座县城。1940年二三月间，国民党军队进攻晋东南的太行和冀南根据地，矛头直指八路军总部。面对国民党顽固派的军事进攻，八路军和山西新军在坚决打退国民党军队进攻的同时，顾全抗战大局，主动与国民党当局谈判，达成停止武装冲突、划定驻军区域、继续合作抗战的协议。

打退国民党顽固派的第一次反共高潮后，1940年3月11日，中共中央召开会议，全面总结打退第一次反共高潮的经验，指出：抗日民族统一战线是抗战胜利的基本条件。要扩大和巩固统一战线，就必须采取既团结又斗争、以斗争求团结的政策；同时，在斗争中要坚持有理、有利、有节的原则。实行这些政策和策略的根本目的，是为了维护中华民族的根本利益，将抗日战争进行到底。在此前后，中共中央和毛泽东认真分析国内政治情况，明确认为中日民族矛盾依然是主要矛盾，国内阶级矛盾仍处于从属地位，共产党的任务仍应是巩固和扩大抗日民族统一战线。中共中央在总结经验基础上，对统一战线的策略思想作出重大发展，创造性地确定了一些重要的方针政策和策略原则。其中包括：发展进步势力，争取中间势力，最大限度地孤立顽固势力；在对国民党顽固派的斗争中，坚持"人不犯我，我不犯人，人若犯我，我必犯人"的自卫立场和"有理、有利、有节"的策略原则；在抗日统一战线中，斗争是团结的手段，团结是斗争的目的，以斗争求团结则团结存，以退让求团结则团结亡；在争取时局好转的同时，充分地准备应付可能发生的任何地方性和全国性的突然事变，使全党全军在精神上有所准备，在工作上有所布置。这些策略原则，保证了党在复杂多变的环境中，能够更加成熟而恰当地处理各种棘手的问题，不断取得成功。

1940 年下半年，国民党顽固派将反共重心由华北转向华中。7 月 16 日，国民党为限制中共抗日武装的发展，要求中共将 50 万八路军、新四军缩编为 10 万人，并全部集中在黄河以北的冀察地区活动。9 月中旬，国民党江苏省主席兼鲁苏战区副总司令韩德勤制造磨擦，调动主力向位于苏北的新四军重要基地黄桥进逼。新四军苏北指挥部在 10 月 4—6 日反击韩部的进攻，消灭顽军 1.1 万人。

黄桥战役后不久，10 月 19 日，国民政府军事委员会电令八路军、新四军在 1 个月内全部开赴黄河以北指定地区，并积极准备向华中的八路军、新四军发动进攻。面对国民党的无理要求，中共中央一面要求全党做好应变准备，一面向国民党交涉，在拒绝国民党无理要求的同时，表示新四军皖南部队将"遵令北移"。1941年1月4日，新四军军部及所属皖南部队9000余人移师北上。1月6日，行至泾县茂林地区时，突然遭到预先埋伏的国民党军队7个师8万余人的包围袭击。新四军血战7昼夜，弹尽粮绝，除2000余人突围外，大部被俘、失散或牺牲。军长叶挺被扣押，政治部主任袁国平牺牲，副军长项英、副参谋长周子昆在突围后于3月中旬遭叛徒杀害。1月17日，蒋介石宣布新四军"叛变"，下令取消新四军番号，将叶挺交付"军法审判"，把第二次反共高潮推向顶点。这就是震惊中外的皖南事变。

针对国民党顽固派的反共行径，中国共产党予以严厉批评和深刻揭露。周恩来向国民党当局提出严重抗议。他打电话给参谋总长何应钦，义正词严地痛斥："你们的行为，使亲者痛，仇者快。你们做了日寇想做而做不到的事，你何应钦是中华民族的千古罪人。"《新华日报》头版刊出周恩来声讨国民党顽固派的两条亲笔题词："为江南死国难者志哀"和"千古奇冤，

◎《新华日报》刊载的周恩来题词

江南一叶，同室操戈，相煎何急?！"

皖南事变发生后，内战阴云密布。在这千钧一发的时刻，中共中央在揭露皖南事变真相的同时，坚持以团结抗战的大局为重，坚持又联合又斗争、以斗争求团结的政策，在军事上严守自卫，在政治上坚决反击。一方面，通过国内舆论，以大量事实揭露国民党顽固派破坏抗战的阴谋，阐述中共反对内战、坚持团结抗战的立场；另一方面，提出合理解决皖南事变的十二条办法，要求国民党当局承认错误、惩办祸首、恢复新四军番号、停止在各地的反共挑衅、废止一党专政、实行民主政治等。中国共产党这种坚决有力地同国民党当局的倒行逆施进行斗争，并坚持把民族斗争放在第一位的态度，得到全国人民、中间阶级、各界民主人士、国民党内正义人士及国际舆论的普遍同情和支持。苏联、美国、英国也纷纷施加压力，要求国民党当局缓和国共纠纷、避免内战。面对被动孤立的处境，国民党顽固派的反共活动不得不有所收敛。1941年3月8日，蒋介石公开表示："以后亦决无剿共的军事。"至此，国民党顽固派制造的第二次反共高潮终于被击退。

1月20日，中共中央军委发布重建新四军军部的命令。1月28日，重建的新四军军部在苏北盐城成立，陈毅任代军长，刘少奇任政治委员，张云逸任副军长。全军改编为7个师、1个独立旅，共9万余人，继续坚持长江南北的抗日游击战争。

皖南事变后，中共中央于5月8日发出《关于大后方党组织工作的指示》，在国民党统治区的工作实行"荫蔽精干、长期埋伏、积蓄力量、以待时机"的方针。国民党统治区的共产党组织依然保存和坚持下来，并在群众中深深地扎下根。

中国共产党连续打退国民党顽固派制造的反共磨擦，坚持抗战、团结、进步的事实，表现出它能够在极其复杂的环境中，正确地处理民族斗争和阶级斗争的关系。这就不仅团结了中间势力，也使国民党统治集团不能放下抗战旗帜，最大限度地孤立了日本侵略者和汉奸卖国贼。

但是，国民党当局并没有真正吸取教训，仍然采取避战观战为主和限共反共的政策。1943年春，蒋介石署名出版《中国之命运》一书，暗示要消灭共产党。接着，国民党顽固派借当年5月共产国际宣布解散的机会，要求"解散共产党""取消陕甘宁边区"，并密令重兵驻守西北的胡宗南部准备向陕甘宁边区进攻。在胡宗南身边工作的中共秘密党员熊向晖及时将国民党的反共部署与动向报告中共中央。据此，中共中央一方面在军事上进行必要部署；另一方面公开发表文电，揭露国民党的阴谋，同时组织延安3万群众参加的抗议集会，采取一系列政治上强有力的反击，使国民党顽固派第三次反共高潮尚未发展成大规模武装进攻便被制止。

中国共产党坚持抗战、团结、进步的方针，连续打退或制止国民党顽固派三次反共高潮，这表明党已有了能够驾驭复杂局面的成熟的领导集体，既不在突然事变前惊惶失措、一味妥协让步，也不采取冒险行动，给破坏团结抗日的势力以借口。更多的人由此看清共产党确实以民族利益为重，而不是只顾一党一派利益。共产党人的正确举措和处置，不仅团结了中间阶层，也使国民党统治集团不能不继续坚持抗战。濒临危急的国内时局重新趋向好转。中国共产党在全国的政治地位由此大为提高。

六 "解放区的天是明朗的天"

题注：该标题取自 1943 年刘西林以冀鲁民歌曲调为基础填词创作的歌曲《解放区的天》（亦称《解放区的天是明朗的天》）。

抗日民主根据地是全面贯彻和实现中国共产党的全面抗战路线、坚持抗战和争取胜利的坚强阵地。建立巩固的敌后抗日民主根据地，是决定敌后战场和全国抗战能否持久坚持的关键所在。为此，中共中央提出一套比较完整的建设新民主主义社会的基本政策，使抗日民族根据地真正成为政治民主、民族团结、经济发展、政府清廉的社会。中共中央采取有力的政策措施，大力加强抗日民主根据地建设，将抗日根据地建设成为军民一体、牢不可破的坚强堡垒。特别是克服严重困难，巩固了抗日民主根据地。与此同时，中国共产党高度重视和大力加强党的思想建设、组织建设和作风建设，推进党的建设"伟大的工程"，把党建设成为全国范围的、广大群众性的、思想上政治上组织上完全巩固的马克思主义政党。

1941—1942 年，敌后抗战进入最困难的阶段。为了克服困难，坚持抗战，中共中央制定各种政策措施，进行艰苦卓绝的斗争，巩固抗日民主根据地。在最艰难的年代，中共中央制定十大政策^①，带领抗日民主根据地军民坚持反"扫荡"、反"蚕食"、反"清乡"的对敌武装斗争；进一步贯彻"三三制"原则，加强政权建设，主力部队和政府机关实行精兵简政；在军队中开展"拥政爱民"运动，在人民群众中开展"拥军优属"运动；进一步贯彻执行减租减息的土地政策；加强党的一元化的统一领导；发展生产；整顿"三风"等。这些政策的实施，加强了党的领导，巩固和扩大了根据地内的抗日民族统一战线，团结了广大人民群众，调动了各方面的积极因素，对团结一致、克服困难、巩固阵地、坚持抗战起了重大的作用。其中，全党整风运动和大生产运动这两个中心环节，为战胜困难、争取抗战胜利奠定了思想基础和物质基础。毛泽东把这两项措施称为整个革命链条中的"两个环子"。

（一）抗日民主根据地的各方面建设

毛泽东把抗日民主根据地的性质、特点、意义归结为一点，就是把抗日战争与民主制度结合起来。他多次指出：边区的作

---

① 指对敌斗争、精兵简政、统一领导、拥政爱民、发展生产、整顿三风、审查干部、时事教育、"三三制"、减租减息。

用，就在做出一个榜样给全国人民看，使他们懂得这种制度是最于抗日救国有利的。1941年5月1日，中共中央批准发布的《陕甘宁边区施政纲领》，全面体现了中国共产党团结抗战和抗日民主根据地建设的纲领路线方针政策。

1. 政权建设。民主政权建设是抗日根据地建设首要的、根本的任务。中国共产党提出，根据地政权是共产党领导的抗日民族统一战线性质的政权，是一切赞成抗日又赞成民主的人们的政权，是几个革命阶级联合起来对于汉奸和反对派的民主专政。边区（省）、县参议会既是民意机关，也是立法机关；边区（省）、县、乡抗日民主政府是行政机关；边区高等法院和县法院是司法机关。1940年3月，中共中央要求各抗日根据地的政权建设，在政府工作人员分配上必须贯彻"三三制"原则，即在政权组成中，共产党员、进步分子和中间分子各占1/3。这样做，可以容纳各方面的代表，团结一切赞成抗日又赞成民主的各阶级、阶层。华北和华中的各敌后抗日根据地，都按照中央要求大力推进民主政治，相继建立了"三三制"的抗日民主政权。

抗日民主政权普遍采取民主集中制，各级抗日民主政权机构的领导人都经过人民群众选举产生。1937年，陕甘宁边区就民主选举了各级政府。1939年1月，陕甘宁边区第一届参议会通过的《陕甘宁边区选举条例》规定："凡居住边区境内之人民，年满十八岁者，无阶级、职业、男、女、宗教、民族、财产与文化程度之区别，经选举委员会登记，均有选举权与被选举权。"

2月6日，正式成立陕甘宁边区第一届民选政府。1940年，晋察冀边区展开广泛的普选运动，在各级普遍建立了民选"三三制"政权和民意机关，晋察冀边区因此被誉为"全国最模范、最进步的民主抗日地区"。在各根据地的实际投票中，群众有许多创造，采取了投豆、画圈、画杠、燃香在纸上烧眼等选举办法。

抗日民主政权努力发扬政治民主，保障人民的民主自由权利。各级政府工作人员密切联系群众，全心全意为人民服务。朱德曾说过："实行民主真行宪，只见公仆不见官。"抗日根据地重视法制建设。各根据地在创立发展过程中，依据党的纲领和路线方针政策，借鉴历史经验，结合抗日统一战线的实际，相继制定、颁布各种法规和条例。如各级参议会组织条例、各级政府组织条例、选举条例、减租减息条例、改善工人生活条例、婚姻条例、保障人权财权条例、惩治贪污条例等等。这些法规和条例的制定颁行，使抗日根据地的法制建设初具规模。作为模范区的陕甘宁边区，不仅颁行了一系列行之有效的法规和条例，而且在实践中创造出把党的群众路线和优良传统运用于审案工作的"马锡五审判方式"①，得到中共中央和边区政府的

---

① 抗日战争时期在陕甘宁边区实行的一套便利人民群众的审判制度，由陕甘宁边区陇东分区专员兼边区高等法院分庭庭长马锡五首创。主要特点是：（1）深入群众，调查研究，实事求是；（2）手续简单，不拘形式，方便人民；（3）审判与调解相结合；（4）采用座谈式而非坐堂式审判。这种审判方式，既坚持原则、依法办事，又方便群众、廉洁公正，维护了群众的根本利益，在人民司法审判史上产生了重要影响。

肯定，并为其他根据地所仿效。

抗日根据地还实行"精兵简政"政策。这个倡议是民主人士李鼎铭[①]1941年11月首先提出的。中共中央非常重视这个倡议。12月17日，中共中央要求各抗日根据地"为进行长期斗争，准备将来反攻，必须普遍的实行'精兵简政'"。在地方党政机关进行简政的同时，中共中央军委于1941年11月作出《关于抗日根据地军事建设的指示》，要求每个抗日根据地的脱产人员不能超过3%，主力军实行精兵主义。通过"精兵简政"，各抗日根据地充实和加强了基层，大大减轻了人民负担，进一步密切了党同人民群众的血肉联系。

抗日民主政权实行各民族平等团结、共同抗日的基本政策，在少数民族聚居地区试行民族区域自治。这是中国共产党从国情出发解决民族问题的一个创造。

中国共产党领导的抗日根据地民主政治建设，极大地激发了各根据地军民团结抗战的热情，使各根据地出现了空前自由民主、生动活泼的新局面，并对全国其他地区产生了重要影响，为坚持抗战和民主建国注入了新的动力。

2. 大生产运动和减租减息。抗日根据地位于落后的农村地区，且长期在日、伪军的进攻和包围之中，根据地的经济和人

---

① 李鼎铭，陕西米脂人，开明绅士。他在1941年11月陕甘宁边区第二届参议会上提出"精兵简政"的提案，并在这次会议上当选为陕甘宁边区政府副主席。

民生活处于非常困难的境地。为了长期坚持敌后抗战，必须发展经济和改善人民生活。中国共产党领导抗日根据地军民大力进行经济建设，以解决战争和生活的需要。根据地的经济建设，主要是大力发展农业生产，鼓励农民开垦荒地、兴修水利，组织劳动互助，提高耕作技术，推广良种，调动农民的生产积极性，促进农村生产力的发展。在发展农业生产的同时，注意发展工业生产和对内对外贸易，并建立银行，发行货币等。

为克服严重的经济困难，减轻人民的负担，各抗日根据地开展了大生产运动。1939年2月，当困难刚刚露头的时候，毛泽东就发出"自己动手"的号召。1941年，中共中央强调必须走生产自救的道路。大生产运动的总方针是"发展经济，保障供给"。针对以个体经济为基础的、被敌人分割的、进行游击战争的农村环境，中共中央制定了一系列具体的经济建设方针：在各项生产事业中，实行以农业为主，农业、畜牧业、工业、手工业、运输业和商业全面发展的方针；在公私关系和军民关系上，实行"公私兼顾""军民兼顾"的方针；在上下关系上，实行统一领导、分散经营的方针；在生产和消费的关系上，实行努力生产、厉行节约的方针；在组织经济中，实行合作互助、开展生产竞赛、奖励劳动英雄的方针。大生产运动中的一个创造，就是军队、政府机关和学校发展自给经济。中共中央在陕甘宁边区带头实行这项政策。1941年3月起，王震率八路军第三五九旅陆续开进荒无人烟但土质肥沃、适于开垦的

◎ 南泥湾开荒

南泥湾，使昔日的荒山坡变成"粮食堆满仓，麦田翻金浪，猪牛羊肥壮"的"陕北的好江南"。到 1944 年，第三五九旅除吃用全部自给外，达到了"耕一余一"（即耕种 1 年的粮食，除消耗外，可剩余 1 年吃的粮食），成为大生产运动的模范。与此同时，在延安的党、政、军、学各界数万人投入大生产运动。中共中央领导人以身作则，带头参加大生产。毛泽东在住的窑洞下面开垦一块地，种上了菜；朱德组织一个生产小组，开垦菜地 3 亩；1943 年，中央直属机关等举行纺线比赛，任弼时夺得第一名，周恩来被评为纺线能手。1944 年 9 月，中央警备团战士张思德在大生产中因炭窑崩塌而牺牲，毛泽东在张思德追悼会上发表《为人民服务》的讲演，指出："我们这个队伍完全是为着解放人民的，是彻底地为人民的利益工作的。""我们为人民而死，就是死得其所。"大生产运动取得显著成就，农业、工商业的产值迅速增长，人民负担大为减轻，军民生活明显改善。1942—1944年的3年中，陕甘宁边区共开垦荒地200多万亩。到1945年，边区农民大部做到"耕三余一"，部分做到"耕一余一"；农民所交公粮占总收获量比重逐年下降。从1943年起，敌后各抗日根据地的机关一般能自给两三个月甚至半年的粮食和蔬菜，人民负担只占总收入的14％左右，按当时的生活水平，实现了"自己动手""丰衣足食"的要求。大生产运动是自力更生的一曲凯歌。它不仅支持了敌后的艰苦抗战，而且积累起一些经济建设的经验，锻炼了一批经济工作干部，培养了广大干部与群众同甘共苦、艰苦奋斗的优良作风。

敌后抗战主要是发动和组织农民抗战。根据地内停止实行没收地主土地的政策后，党把减租减息作为抗战时期解决农民问题的基本政策，普遍实行减租减息政策，以减轻农民所受的封建剥削，提高他们抗日和生产的积极性；同时实行交租交息，以利于联合地主抗日。这是在民族战争条件下兼顾农民和地主两方面利益，把坚持统一战线和解决农民问题恰当结合起来，既调节各阶级经济利益又改善人民生活的政策。1937年8月，中国共产党即提出以减租减息作为抗战时期解决农民问题的基本政策。1939年11月1日，中共中央明确要求：各抗日根据地在经济改革方面，必须实行减租减息、废止苛捐杂税与改良工人生活。从1939年冬起，各根据地相继开始实行减租减息。减租的办法是"二五减租"即把原租额减少25％；减息的办法是规定年利率一般为 1 分即 10%，最高不得超过 1 分半即 15%。正租以外的杂租、劳役和各种形式的高利贷一律取缔。为了发展农业生产，抗日民主政府动员农民开垦荒地，兴修水利；发动农民组织劳动互助，提高劳动生产率；帮助农民改良耕作技术，推广优良品种。减租减息政策是对旧的农村生产关系的重大改革，既削弱了封建剥削，改善了广大贫苦农民的生活，又保障了地主阶级的合理利益，对团结各阶层人民、激发群众的抗战和生产热情发挥了极大的促进作用。

抗日根据地还努力探索社会发展之路。如领导广大军民救灾治水，救济灾民；改善公共卫生，预防疾病流行；保护妇女的社会权益，提倡男女婚姻自主；制定社会保险政策；拥军优属，抚恤烈士遗属和因公致伤、致残人员；积极开展社会教育工作，提高民众的文化知识水平。广大群众的精神状态和社会面貌发生了很大变化。

3. 发展文化教育事业。抗日根据地大多位于贫穷落后地区，文化教育事业极为落后。为了改变人民群众的精神面貌，提高文化素质，更好地发展和巩固抗日根据地，中共中央把发展抗日的革命文化运动提上重要议事日程，以建设"民族的科学的大众的文化"为目标，大力加强文化教育建设和改革，使抗日根据地文化教育事业出现前所未有的发展局面。

全国抗战开始后，中共中央所在地延安成了革命者向往的"圣地"，全国各地成千上万的热血青年和知识分子不远千里、

◎ 知识青年奔赴延安

艰难跋涉，纷纷奔赴延安。上海一批爱国青年历尽千辛万苦，辗转万余里，跋涉13个月，来到延安。他们中有人在日记中写道："打断骨头连着筋，扒了皮肉还有心，只要还有一口气，爬也爬到延安城。"诗人何其芳这样记录着1938年年初到延安的见闻："延安的城门成天开着，成天有从各个方向走来的青年，背着行李，燃烧着希望，走进这城门。学习，歌唱，过着紧张的快活的日子。"这些爱国青年和知识分子经过学习和实际工作的锻炼，涌现出大批坚持抗战的革命骨干力量。

抗日根据地积极进行文化建设。1937年11月，延安成立陕甘宁边区文化界抗日救亡协会，1938年又成立边区文化界抗战

153

联合会，组织大批文学家、艺术家、社会科学家开展抗日文化活动，大力发展文学创作和戏剧演出。在此基础上，相继成立音乐、戏剧、美术等专业性协会，建立许多文艺社团，出版多种文艺刊物。各敌后抗日根据地军民普遍成立以宣传抗日为主旨的文艺团体和大批农村剧社。广大文艺工作者创作出一大批群众喜闻乐见、激励抗战精神的歌曲、戏剧、诗歌、报告文学、小说、美术等作品。留法归国的音乐家冼星海到延安后，与作家光未然合作完成的《黄河大合唱》公演后，立即引起轰动，并迅速传向全国，极大地振奋了全国人民的士气。

抗日根据地大力发展教育事业，实行革故鼎新的教育政策，形成了三位一体的教育体制。在发展干部教育方面，中共中央、陕甘宁边区政府创办中国人民抗日军政大学（简称"抗大"）、陕北公学、青年干部训练班、鲁迅艺术学院（简称"鲁艺"）、马列学院、中共中央党校、职工学校、中国女子大学、民族学院、行政学院、师范学校、卫生学校等一批干部学校和专门学校，培训了大批干部和人才骨干。各级党组织还普遍建立干部在职学习制度，对提高干部的政治、文化素质起到了重要作用。在发展初等和中等国民教育方面，因陋就简创办和恢复大量中小学校。至1940年，陕甘宁边区有中等学校7所，小学由1936年的120所发展到1341所。晋察冀抗日根据地的小学数量由1938年的2799所增加到7697所。在发展社会教育方面，通过各种形式的民校、夜校、半日学校和冬学等季节性办学形式，开展大规模的识字扫盲和普及各种常识的社会教育。抗日根据地教育事业的改革发展，实际上是一次改变农村面貌的思想启蒙运动。大量农民因此摆脱文盲状态，学到基本的文化知识，抗战觉悟和生产建设能力由此得到很大提高。

抗日根据地内以马克思列宁主义为指导的社会科学得到发展。为了提高全党的理论水平，中共中央有领导有计划地组织翻译出版了一批马列著作，还建立了一些社会科学的研究机构和学术性团体，并取得很大成就。抗日根据地还重视自然科学教育和研究，1940年9月创办的延安自然科学院，是中国共产党创办的第一个开展自然科学教学和研究的专门机构。为推进自然科学研究，同年在延安成立了陕甘宁边区自然科学研究会。

抗日根据地的新闻出版事业得到很大发展。中共中央重视舆论阵地建设，加强党报党刊工作，在延安主办具有广泛影响的《解放日报》、《解放》周刊和新华社、新华广播电台等。八路军总部创办《八路军军政杂志》，新四军政治部创办《抗敌报》，八路军、新四军各师都办有报刊。各抗日根据地党政军机关普遍创办报纸、杂志。如中共中央北方局的《党的生活》，华中局的《江淮日报》等。许多群众团体、文化团体也创办了刊物，如《中国青年》《中国妇女》《中国工人》《中国文化》等。各类报刊的出版发行，不仅及时宣传了党的抗日政策，使干部群众能够了解国内外政治形势，而且丰富了抗日根据地军民的精神文化生活，推动了抗战事业的发展。

到 1940 年年底，中国共产党领导的抗日根据地的政治、经济、文化建设和改革，促进了各阶级、阶层政治和经济关系的改善，激发了广大军民的抗战热情，使各抗日根据地呈现出崭新面貌，为长期坚持敌后抗战、争取抗日战争的最后胜利奠定了坚实的基础。

抗日民主根据地通过各方面建设，大大增强了中国共产党同根据地人民群众的血肉联系，使群众更加信任党，信任人民军队，这对在极端艰苦的环境下坚持敌后抗日斗争直到胜利有着至关重要的作用。根据地建设中积累的许多经验，对以后的解放区建设乃至新中国的建设发展也产生了重要而深远的影响。

（二）新民主主义革命理论的系统阐明

全国抗战爆发以来，中国向何处去的问题，不但没有消失，反而随着国民党顽固派反共宣传的扩大而尖锐地摆在每一个中国人面前。1938 年年初，国民党顽固派在武汉发动鼓吹"一个主义""一个政党""一个领袖"的宣传活动。国民党御用文人叶青叫嚣共产党"没有独立存在的理由"。1939 年 1 月，蒋介石在国民党五届五中全会上作题为《唤醒党魂，发扬党德，巩固党基》的报告。所谓"唤醒党魂""发扬党德"，就是实行"一个主义""一个政党""一个领袖"。国家社会党的张君劢也发表致毛泽东的公开信，要求共产党取消边区，取消八路军和新四军，"将马克思主义暂搁一边"。国民党顽固派在制造反共磨擦事件过程中，在政治思想战线上发动了对中国共产党的进攻，开动宣传机器，大肆叫嚣"共产主义不适合中国国情""共产党不需要存在"。在严峻的斗争面前，中国共产党必须批驳国民党顽固派的反共宣传，向全国人民说明自己对中国革命的见解，回答中国向何处去的问题。同时，为了将丰富的中国革命经验系统化，阐明党的理论、纲领和路线方针政策，以便更好指导抗日战争和中国革命，也需要对中国革命基本问题作出系统阐述。正是在这样的背景下，毛泽东先后发表许多重要理论著作。其中，1939 年 10 月、12 月发表的《〈共产党人〉发刊词》和《中国革命和中国共产党》，1940 年 1 月发表的《新民主主义论》[①]，是代表性的

◎《新民主主义论》

---

① 毛泽东 1940 年 1 月 9 日在陕甘宁边区文化协会第一次代表大会上讲演时的题目为《新民主主义的政治与新民主主义的文化》，发表于 1940 年 2 月 15 日延安《中国文化》创刊号。同年 2 月 20 日在《解放》第九十八、九十九期合刊发表时，题目改为《新民主主义论》。

主要著作。

毛泽东揭示了中国半殖民地半封建社会的性质和主要特征，以及近代中国社会的主要矛盾和中国革命发生发展的原因。他指出，中国半殖民地半封建社会的社会性质，决定了中国社会的主要矛盾是帝国主义和中华民族的矛盾、封建主义和人民大众的矛盾。而帝国主义和中华民族的矛盾又是最主要的矛盾，决定了中国革命必须分成两个步骤来进行，第一步是民主主义革命，第二步是社会主义革命。中国共产党领导的整个中国革命运动，是包括民主主义革命和社会主义革命两个阶段在内的全部革命运动，而 1919 年五四运动以后的中国民主革命，已经是无产阶级领导的人民大众的反帝反封建的新民主主义革命。区别新民主主义革命和旧民主主义革命的根本标志，是无产阶级的领导权问题。

毛泽东阐明了中国共产党在新民主主义革命阶段的基本纲领，即在政治上，要建立无产阶级领导下的一切反帝反封建的人们联合专政的民主共和国，这就是新民主主义的共和国。在经济上，要没收操纵国计民生的大银行、大工业、大商业，建立国营经济；没收地主土地归农民所有，并引导农民发展合作经济；允许民族资本主义经济的发展和富农经济的存在。在文化上，是废除封建买办文化，发展民族的科学的大众的文化。

毛泽东指明了新民主主义革命的发展前途必然是社会主义。新民主主义革命和社会主义革命是两个不同的革命阶段，只有完成前一阶段的革命,才可能去进行后一阶段的革命,不能"毕其功于一役",但两个革命阶段必须也必然是衔接的,不容横插一个资产阶级专政。

毛泽东强调新民主主义革命是以共产主义思想为指导的。共产主义有两个含义,一个是思想体系,一个是社会制度。从社会制度来说,必须把新民主主义和社会主义、共产主义分开。但是现时的中国革命不能离开无产阶级的领导,也就不能不以共产主义思想体系为指导。否则,就不能保证反帝反封建的政治革命和文化革命的胜利。

毛泽东总结中国共产党成立以来的历史经验,指出统一战线、武装斗争、党的建设,是中国共产党在中国革命中战胜敌人的三个主要法宝。他还指出,统一战线问题、武装斗争问题、党的建设问题,是党在中国革命中的三个基本问题。正确地理解这三个问题及其相互关系,就等于正确地领导了全部中国革命。他把统一战线和武装斗争问题提到政治路线的高度来认识,并把党的建设同党的政治路线密切联系起来,使这些中国革命的基本经验成为整个新民主主义革命理论体系的重要组成部分。

新民主主义革命理论的提出,使全党对中国现阶段革命的性质、内容、领导权和发展前途有了一个明确而完整的认识。这一理论成为引导中国人民自觉地在复杂环境中不断前进的旗帜,对中国革命的胜利发展起了巨大指导作用。

新民主主义革命理论的提出和系统阐明,是马克思主义中国化的重大理论成果，标志着毛泽东思想得到多方面展开而趋于成熟。这个理论从思想上武装了中国共产党人，使全党极大地增强了参加和领导新民主主义革命的自觉性。

（三）中国共产党开展整风运动

为克服严重困难，坚持敌后抗战，巩固抗日阵地，中共中央以很大的精力进行党的自身建设。1942年2月1日，毛泽东来到中央党校，在开学典礼上发表题为《整顿学风党风文风》（后改为《整顿党的作风》）的演说。稍后，他又在延安干部会上发表《反对党八股》的讲演。以此为标志，中国共产党在全党范围内开展了一次整风运动。

在生机勃勃的延安，在烽火连天的前线，为什么要进行这样一场大规模的整风运动呢？察其原因在于，中国共产党成立20多年来，中国革命取得很大胜利，也经历过严重挫折。1935年1月遵义会议后，党的路线已经走上马克思主义的正确轨道，但对曾经给党的事业造成严重危害的主观主义特别是教条主义还没有来得及从思想上进行认真清理，对于历史的经验教训，也还没有来得及进行系统总结，特别是没有从思想方法的高度对造成党内历次"左"右倾错误的根源进行深刻总结。所以，党内在指导思想上仍经常存在一些分歧。1938年中共扩大的六届六中全会对端正党的思想路线起了积极作用。会后，毛泽东等中共中央领导人大力从事理论工作，把党的一系列独创性的经验上升为科学理论。但是，这时党内的主观主义特别是教条主义还经常在作怪。1940年3月，王明在延安再次出版写于1930年集中反映他的"左"倾错误观点的《为中共更加布尔塞维克化而斗争》（即《两条路线》）一书，并在"三版序言"中说："本书所记载的事实是中国共产党发展史中的一个相当重要的阶段，因此，许多人要求了解这些历史事实。""不能把昨日之是，一概看作今日之非；或把今日之非，一概断定不能作为昨日之是。"这种情况表明，王明等人还在为其"左"倾错误辩护。

此外，在全民族抗日战争的推动下，中国共产党迅速发展壮大，增加了70多万名新党员，他们的积极性很高，但很容易受到一些错误思想和作风的影响。因此也有必要对他们进行马克思主义的思想教育。1939年8月，中央政治局作出《关于巩固党的决定》。10月，毛泽东发表《〈共产党人〉发刊词》，提出了党的建设的总目标、总任务，即"建设一个全国范围的、广大群众性的、思想上政治上组织上完全巩固的布尔什维克化的中国共产党"，并把党的建设称为"伟大的工程"。把党的建设作为一项伟大工程来推进，是党的一大创举。这表明党对加强自身建设重要性的认识更加自觉和深刻。

基于上述原因，中共中央认为有必要在全党集中开展一场普遍的马克思主义思想教育运动，总结和吸取历史上的经验教训，以提高广大党员、干部尤其是党的高级干部的思想理论水平，增强党的凝聚力和战斗力。

1941年5月，毛泽东在延安高级干部会议上作《改造我们的学习》的报告。7月1日，中共中央政治局通过《关于增强党性的决定》。9—10月，中央政治局召开扩大会议（史称1941年"九月会议"），决定在全党发动思想革命，反对主观主义和宗派主义。毛泽东在会上作报告，指明了主观主义的表现、危害、根源和克服办法。会上，党的高级干部学习和研究党的历史，经过详细讨论，确认在土地革命战争时期，王明等人领导的中央所犯的错误是"左"倾路线错误。一些受王明影响而犯过错误的同志作了自我批评。9月26日，中共中央决定组织在延安的高级干部学习马克思列宁主义理论，研究党的六大前后的历史文件，总结党的历史经验；同时决定成立各地高级学习组，颁发高级学习组组织条例。党的高级干部开始学习和研究党的历史，总结党的历史经验，以求从政治路线上分清是非，达到基本一致的认识，就为全党普遍整风做了重要准备。

1942年2月毛泽东作《整顿党的作风》的演说和《反对党八股》的讲演后，整风运动在全党普遍展开。整风运动分为全党普遍整风和中央领导层整风两个层次进行。全党普遍整风的内容是反对主观主义、宗派主义、党八股，以树立马克思主义的作风。反对主观主义以整顿学风，是整风运动最主要的任务。要克服主观主义，必须以科学的态度对待马克思主义，发扬理论联系实际的马克思主义的学风，一切从实际出发，实事求是。其中，调查研究是把理论和实际结合起来的不可或缺的中间环节。反对宗派主义以整顿党风，是整风运动的另一个主要任务。要实现党的统一，单有思想上的统一是不够的，还需要有组织上的统一，以组织上的统一来保证思想上的统一。反对党八股以整顿文风，也是整风运动的重要任务。党八股是主观主义的表现形式，不清除党八股，不能启发生动活泼的革命思想，不能发扬实事求是的精神，主观主义就还有藏身之地。

整风运动的方针，是"惩前毖后、治病救人"。整风的方法，是认真阅读整风文件，联系个人的思想、工作、历史以及自己所在地区部门的工作进行检查，开展批评和自我批评，弄清犯错误的环境、性质和原因，逐步取得思想认识上的一致，提出努力的方向。在开展批评和自我批评中，特别强调自我批评。毛泽东强调，对于人的处理取慎重态度，既不含糊敷衍，又不损害同志，这是我们党兴旺发达的标志之一。

在整风运动中，中共中央于 1942 年 5 月召开延安文艺座谈会。毛泽东在讲话中强调："为什么人的问题，是一个根本的问题，原则的问题。""我们的文学艺术都是为人民大众的，首先是为工农兵的。"会后，文艺界开始整风。在毛泽东延安文艺座谈会讲话精神指引下，广大文艺工作者纷纷奔赴抗战前线，深入农村、部队、工厂，接触群众，体验生活，创作了《白毛女》《兄妹开荒》《逼上梁山》《王贵与李香香》等一大批反映现实生活的群众喜闻乐见的优秀作品。其中《白毛女》是由延安鲁迅艺术学院的艺术家们集体创作的中国第一部新歌剧，通过真实而富有传奇色彩的故事，揭示了"旧社会把人逼成'鬼'，新社会把'鬼'变成人"这一鲜明的时代主题，产生了重要影响。

整风运动期间，为适应残酷的战争环境，解决抗日根据地党政军民关系中某些不协调的现象，加强党的集中统一领导，1942年9月1日，中共中央政治局作出《关于统一抗日根据地党的领导及调整各组织间关系的决定》。《决定》指出，"根据地领导的统一与一元化，应当表现在每个根据地有一个统一的领

◎ 延安文艺座谈会合影

导一切的党的委员会（中央局、分局、区党委、地委）"。《决定》规定，中央代表机关（中央局、分局）及各级党委是各地区的最高领导机关，统一各地区的党政军民工作的领导，党委书记兼同级部队的政治委员。根据这个《决定》的精神，中共中央先后建立和健全了在各地区的中央代表机构。为调整及精简中央领导机构，加强党中央集中统一领导，1943年3月20日，中共中央政治局会议通过《关于中央机构调整及精简的决定》，推选毛泽东为中央政治局主席和中央书记处主席；毛泽东、刘少奇、任弼时组成中央书记处，根据中央政治局决定的方针处理日常工作。

◎ 鲁迅艺术文学院

　　1943 年 9 月上旬至 12 月初，中央领导层整风进行到深入讨论党的历史问题阶段。为了统一高级干部的思想，中共中央政治局连续召开 3 次扩大会议（史称 1943 年"九月会议"），讨论王明在土地革命战争时期"左"的错误和抗战初期右的错误，总结党的历史经验。许多同志在会上批评王明的错误，有的同志作了自我批评。会上，毛泽东强调，要用"历史的方法，从实际出发的方法，自我批评的方法"，"全党要团结"，"要避免历史上错误的斗争方法，要实行惩前毖后，治病救人"。王明称病没有参加会议。党组织对王明进行了耐心细致的思想工作。毛泽东多次去看望他，并派人听取他的意见。王明承认了自己的错误，还写信给党中央，表示完全同意和拥护《关于若干历史问题的决议》。在党的七大上，经过毛泽东做工作，仍选举王明为中央委员。

在整风运动中，中共中央分别召开许多总结党的历史经验的座谈会，如湘鄂赣边区、湘赣边区、鄂豫皖边区、闽粤边区、赣东北地区、闽西地区、潮梅地区党史座谈会，以及红七军、红五军团历史座谈会和华北座谈会等，进一步讨论和总结党的历史经验，使干部特别是高级干部从切身的实践经验中，更好认识党的历史上的路线是非问题，以提高马克思主义思想水平。

在深入总结历史经验的基础上，1944年5月至1945年4月，中共扩大的六届七中全会召开。全会原则通过了《关于若干历史问题的决议》。《决议》总结建党以来特别是六届四中全会至遵义会议前这一段党的历史及其基本经验教训，阐述了"左"倾错误在政治、军事、组织、思想方面的表现和造成的严重危害，高度评价了毛泽东运用马克思主义基本原理解决中国革命问题的杰出贡献，肯定了确立毛泽东在全党的领导地位的重大意义，使全党尤其是党的高级干部对中国民主革命基本问题的认识达到在马克思列宁主义、毛泽东思想基础上的一致。《决议》为党的七大的胜利召开奠定了重要基础。至此，整风运动胜利结束。

整风运动是一次深刻的马克思主义思想教育运动，收到巨大成效。它坚持马克思主义同中国具体实际相结合的正确方向，使实事求是的马克思主义思想路线在全党范围内深入人心。在整风运动中，围绕怎样以从实际出发的观点来对待马克思主义基本原理，怎样使马克思主义的基本原理同中国革命具体实际相结合，以及怎样对待党的历史中一些重大问题展开了大讨论。通过这些讨论，巩固了马克思主义在党内外的阵地，使干部在思想上大大地提高一步。通过整风运动，实现了在以毛泽东同志为核心的党中央领导下全党新的团结和统一，为抗日战争的胜利和新民主主义革命在全国的胜利，奠定了重要的思想政治基础。延安整风运动所积累的经验对党的建设具有重大而深远的意义。

抗日民主根据地以崭新的面貌和姿态展现在世人面前。越来越多的人从中国共产党领导的抗日民主根据地的现实状况看到了中国未来的希望。华侨领袖陈嘉庚公开表示："中国的希望在延安。"美国驻华使馆的外交官戴维斯、谢伟思在写给美国国务院的报告中认为：国民党统治集团"为了自私的目的，而在牺牲着中国民族的利益"，"共产党的政府和军队，是中国近代史中第一次受有积极的广大人民支持的政府和军队。他们得到这种支持，是因为这个政府和军队真正是属于人民的"。"共产党将在中国存在下去。中国的命运不是蒋的命运，而是他们的命运"。他们甚至预言，除非国民党能够取得同样的成绩，在短短的几年中，共产党"将成为中国唯一的主导力量"。1945年7月1—5日，黄炎培等6位国民参政员从重庆来到延安。其间，黄炎培在同毛泽东谈话时讲到中国历朝历代都没有跳出"其兴

◎ 毛泽东与黄炎培交谈

也勃焉""其亡也忽焉"的周期率，以致"政怠宦成""人亡政息""求荣取辱"，并问中国共产党能否跳出这个周期率。对此，毛泽东的回答是："我们已经找到新路，我们能跳出这周期率。这条新路，就是民主。只有让人民来监督政府，政府才不敢松懈。只有人人起来负责，才不会人亡政息。"黄炎培返回重庆后，写了《延安五日日记》。8月，重庆国讯书店以《延安归来》为书名出版发行。该书给全国同胞展示了延安的社会风貌，引起了很大的轰动。

中国共产党领导抗日民主根据地的共产党人和抗日军民的斗争中，以奋斗、牺牲和创造，形成了体系性的观念和作风。这就是后来概括的延安精神。主要内涵是：坚定正确的政治方向，解放思想、实事求是的思想路线，全心全意为人民服务的根本宗旨，自力更生、艰苦奋斗的创业精神。延安精神体现了马克思主义政党的性质宗旨，体现了与时俱进的思想风范，体现了党同人民同呼吸、共命运的优良作风，体现了一往无前的奋斗精神。延安精神培育和影响了一代代中国共产党人，是中国共产党和中国人民的宝贵精神财富。

七 "中国的抗战是世界性的抗战"

题注：该标题取自 1939 年 1 月毛泽东为《论持久战》英译本写的序言。全文原载 1939 年 2 月 15 日《八路军军政杂志》第 2 期。序言中指出："伟大的中国抗战，不但是中国的事，东方的事，也是世界的事。""我们的敌人是世界性的敌人，中国的抗战是世界性的抗战。"

1941 年爆发的苏德战争和太平洋战争，使第二次世界大战的形势发生了深刻变化，也对中国抗战产生了重大影响。世界反法西斯统一战线正式形成，中国战场继续发挥东方主战场的作用。中国军民坚持艰苦的持久抗战，打破了日本法西斯灭亡中国、称霸世界的战略图谋，对世界反法西斯战争发挥了重要战略支撑作用。

（一）世界反法西斯统一战线正式形成

德国法西斯在侵占欧洲大部分地区之后，于 1941 年 6 月 22

日突然对苏联发动大规模的侵略战争。苏联军民奋起进行卫国战争。英、美政府立即发表支持苏联的声明。这时，日本统治集团内部在侵略方向上再次发生北攻苏联（"北进"）与南进东南亚（"南进"）的激烈争论，最后作出南进对英、美等国开战的决定。10月，日本东条英机组阁，加快了扩大侵略战争的步伐。12月8日凌晨（东京时间），日本海军联合舰队偷袭美国在太平洋的主要海军基地珍珠港，发动对英、美等国在太平洋属地的进攻。同日，英、美对日本宣战，太平洋战争爆发。美国与德、意之间也相互宣战。12月9日，中国国民政府正式对日本宣战，同时对德、意宣战。同日，中国共产党发表宣言指出，"全世界一切国家一切民族划分为举行侵略战争的法西斯阵线与举行解放战争的反法西斯阵线，已经最后地明朗化了"，呼吁"中国与英美及其他抗日诸友邦缔结军事同盟，实行配合作战，同时建立太平洋一切抗日民族的统一战线，坚持抗日战争至完全的胜利"。

苏德战争和太平洋战争爆发后，东西方反法西斯战场连成一片，第二次世界大战发展到最大规模。1942年1月1日，由中、美、英、苏4国领衔，26个参加对德、意、日轴心国作战的国家（通称"同盟国"）在华盛顿签署《联合国家宣言》，郑重表示：签字国保证使用全部军事和经济资源，共同对抗德、意、日法西斯的侵略；各国保证不同敌国单独缔结停战协定或和约。《联合国家宣言》的签订，标志着世界反法西斯统一战线正式形成。

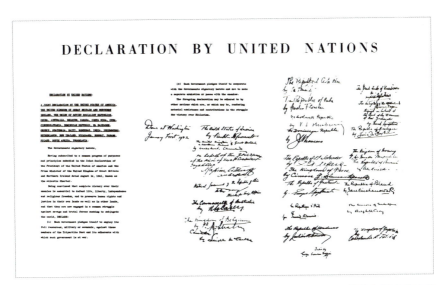

◎《联合国家宣言》

　　中国率先签署《联合国家宣言》，为世界反法西斯统一战线的建立作出了重大贡献。中国长期以来单独抗击日本侵略的局面终于结束。2月7日，美国总统罗斯福致电蒋介石："中国军队对贵国遭受野蛮侵略所进行的英勇抵抗已经赢得美国和一切热爱自由民族的最高赞誉。中国人民，武装起来的和没有武装的都一样，在十分不利的情况下，对于在装备上占极大优势的敌人进行了差不多五年坚决抗击所表现出的顽强，乃是对其他联合国家军队和全体人民的鼓舞。"

　　至此，中国的抗日战争与同盟国对轴心国的作战，特别是与美、英在太平洋对日本的作战密切联系起来，世界反法西斯战争东方主战场的作用更加凸显。中国成为世界反法西斯战争的重要盟国。1942年1月3日，同盟国决定：反轴心国同盟最高区域统帅部及西南太平洋区统帅部已组成，中国战区（包括越南、泰国等）陆空军最高统帅由蒋介石担任。1月5日，蒋介石就任中国战区最高司令。美国政府还应蒋介石的要求，派史迪威为驻中、印、缅美军司令，并兼任中国战区参谋长、罗斯福总统的代表。史迪威于3月上旬到达重庆。世界反法西斯统一战线的扩大，中国与其他同盟国军事联合的实现，为中国人民争取抗日战争胜利创造了有利的国际条件。

这一时期，中国的正面战场和敌后战场所抗击的日军兵力，远远超过日军在太平洋战场投入的兵力总和。1941年年底，日本总兵力扩大到240余万人，其中海军30万人，陆军210余万人。日本陆军用于南进的约40万人，留驻本土的约40万人，其余都压在中国战场上。如果把在中国东北地区的关东军统计在内，1941年12月，中国共抗击日军35个师团，计138万人，约占日本陆军总人数的65%。到1943年12月，由于东南亚各国抗日战争的发展，日本在东南亚的兵力由1941年12月的10个师团增加到23个师团。但中国仍抗击着日军39个师团，约128万人，占日军师团总数的55%。中国战场作为世界反法西斯战争的东方主战场，承担着抗击日本陆军主力的任务。中国的正面战场和敌后战场相互依存、相互策应、支持配合，有力支援了英、美军队在太平洋战场的作战，对中国抗战胜利和战后世界格局产生了深远影响。

对于中国人民对世界反法西斯战争作出的重大贡献，美国总统罗斯福在 1942 年曾对自己的儿子说过这样一段话："假如没有中国，假如中国被打垮了，你想一想有多少师团的日本兵可以因此调到其他方面来作战，他们可以马上打下澳洲，打下印度……他们可以毫不费力地把这些地方打下来，他们并且可以一直冲向中东。"英国首相丘吉尔也说过："如果日本进军西印度洋，必然会导致我方在中东的全部阵地崩溃。而能防止上述局势出现的只有中国。"抗战时期曾任苏联驻华最高军事顾问的崔可夫元帅在其回忆录《在华使命》中说道："在我们最艰苦的战争年代，日本没有进攻苏联，却把中国淹没在血泊中。稍微尊重客观事实的人，都不能不考虑到这一明显而又无可争辩的事实。"

世界反法西斯统一战线正式形成后，美、英、苏等国对中国抗战的地位和作用更为重视。1942 年 10 月 9 日，美、英两国政府同时表示，愿意废除在中国的领事裁判权及其他有关特权。随后，中美、中英分别举行关于废旧约订新约的谈判。1943 年 1 月 11 日，中美、中英新约（即《中美关于取消美国在华治外法权及处理有关问题条约》《中英关于取消英国在华治外法权及其有关特权条约》）分别在华盛顿和重庆签署。美国、英国在华治外法权的废除，是中国人民长期进行民族解放运动及要求废除不平等条约的一个重大胜利，也是抗战时期中外关系史上的重大事件。当然，中国在国际社会中要取得实际上的真正的平等地位，还要靠中国人民自己去努力争取。但是，不平等条约的废除，至少使中国在法理上获得了独立平等的地位，在精神上打碎了不平等条约加在中华民族身上的沉重枷锁，提高了中国的国际威望，鼓舞了中国军民的抗战斗志。1月25日，中共中央作出决定，庆祝中美、中英间废除不平等条约。全国人民也纷纷集会，热烈庆贺不平等条约的废除。

（二）敌后战场抗日军民坚持艰苦抗战

1941—1943年，是第二次世界大战规模进一步扩大、法西斯由猖獗开始走向失败、反法西斯战争由战略相持转入战略反攻的转折时期，也是中国战场最为艰难困苦和实现战略转折的时期。尤其是1941—1942年，是中国敌后抗战最困难的时期。面对日军的疯狂进攻和国民党顽固派的经济封锁，敌后军民进行了艰苦卓绝的抗日斗争。

1.敌后抗战出现严重困难局面。日本侵略者为解除南进的后顾之忧，并把中国变成它进行太平洋战争的后方基地，从1940年下半年起，加紧了对华作战，尤其是加强了针对中国敌后抗日根据地的作战。1941年1月，日本大本营陆军部制订的对华作战计划确定，竭尽一切手段，发挥综合作战能力，以维持占领区的"治安"。日本中国派遣军把华北作为"彻底治安肃正"的重点。2月，冈村宁次就任日本华北方面军司令官，并发布命令："必须在四个月内彻底消灭华北的共产党和八路军。"日本陆相东条英机宣称：日军要消灭一切华北不屈服的人，要在血海中建立"大东亚共荣圈"。太平洋战争爆发后，日军用于华北、华中的军队共有55万余人，其中用于巩固占领区的有33万余人。日军把整个华北划分为"治安区"（即日占区）、"准治安区"（即中日双方军队争夺的游击区）、"未治安区"（即抗日根据地），分别采取不同对策。在日占区，普遍建立和加强汉奸组织，强化保甲制度，筑寨并村，组织"自卫团""守备队""治安军"，清查户口，颁发"良民证"，实行"十户连坐法"（一户抗日，十户皆杀），搜捕共产党人和抗日群众，镇压一切反日运动；统制钢、铁和锌等战略物资，垄断、吞并工商业，勒令种植鸦片，大量掠夺粮食，推行口粮配给制度；组编"勤劳奉公队"，大肆压榨劳工；进行奴化教育和政治欺骗，实行残酷的殖民统治。在游击区，主要采取"蚕食"手段，大量修筑公路网、碉堡群、封锁沟、封锁墙和岗楼，以防止人民武装深入游击区和日占区活动。对抗日根据地，则发动空前残酷的毁灭性的"扫荡"和"清乡"，实行烧光、杀光、抢光的"三光"政策。1941—1942年，在"扫荡"华北的根据地时，一次使用兵力在千人以上到万人的达132次，万人以上至7万人的达27次。在同一地区有时反复"扫荡"达三四个月之久。1941年1月下旬，日军1500余人"扫荡"冀东丰润潘家峪时，将全村男女老幼驱赶到一个大院内，以机枪扫射、刀砍、放火焚烧等方式，共屠杀群众约1300人，杀绝33户，

烧毁房屋 1000 余间，制造了骇人听闻的潘家峪惨案。1942 年
5 月，日军对冀中抗日根据地进行野蛮的"五一大扫荡"，共
捕杀群众 5 万多人，还施放毒气，毒死定县北疃村地道里的军
民 800 多人。日军在东起山海关、西至古北口的长城沿线，制
造了东西长 350 余公里、南北宽 40 余公里的"无人区"，实行
"集家并村"，拆毁房屋，烧毁村庄，将群众赶进"人圈"即
"集团部落"，凡拒绝者一律抓捕或杀害。对华中、华南敌后抗
日根据地，日军也发动大规模进攻，制造了许多惨案。日军在
华中分时期分地区反复进行"清剿"，名之为"清乡运动"。日
军与汪精卫的伪军相配合，从军事"清乡"、政治"清乡"到

◎ 潘家峪惨案

经济、思想等方面的"清乡"，企图摧毁长江下游一带共产党和新四军等抗日力量。

在这种情况下，敌后抗战遭遇了极其严重的困难。主要表现为军事上战斗频繁，部队减员大，干部牺牲多。到1942年，八路军、新四军由50万人减为约40万人。华北平原地区（主要产粮区）相继由根据地变成游击区。一些抗日民主政权被摧毁，根据地面积缩小，总人口由1亿减少到5000万以下。

由于日军大肆破坏和毁灭中国抗日力量的生存条件，生产遭到严重破坏，再加上这一时期频繁遭受严重的自然灾害，造成敌后抗日根据地的财政经济情况极端困难。这时，国民党政府不仅继续停发八路军的薪饷、弹药、被服等物资，而且用几十万军队对陕甘宁边区实行军事包围和经济封锁，加重了经济困难。即使是环境相对稳定的陕甘宁边区，也"曾经弄到几乎没有衣穿，没有油吃，没有纸，没有菜，战士没有鞋袜，工作人员在冬天没有被盖"的程度。

面对严重的困难，中共中央明确指出，人民抗战面临的困难是前进中的困难，是日益接近胜利的暂时困难。毛泽东把这一困难时期称为"黎明前的黑暗"，号召抗日根据地军民坚持敌后抗战，巩固抗日阵地，冲破黎明前的黑暗。

2. 加强军事建设和开展反"扫荡"、反"蚕食"、反"清乡"斗争。面对敌后抗战的严重困难局面，中国共产党和根据地人民没有被难倒。中国共产党认为，人民群众是战争舞台上的真正主角，是打不破的铜墙铁壁。抗日民主根据地聚集的是一支困不死、打不散、压不垮的中华民族的中坚力量。中共中央具体分析存在的困难方面和有利方面，强调在新的残酷斗争中，要充分发动群众，紧紧依靠广大根据地军民，以战胜困难，坚持抗战，争取胜利。

1941 年年底，中共中央、中央军委先后发出关于抗日根据地工作和军事建设的指示，规定在新形势下对敌斗争的方针，是更广泛地开展群众性的人民游击战争。中央军委 11 月 7 日的指示强调："敌寇对我抗日根据地的残酷'扫荡'，我军人力、物力、财力及地区之消耗，使敌后抗日根据地的敌我斗争，进入新的更激烈的阶段。""在这一新阶段中，我之方针应当是熬时间的长期斗争，分散的游击战争，采取一切斗争方式与敌人周旋。"指示要求，各抗日根据地应更加注重以游击战为主要作战方式，反对空喊运动战、决战的急躁盲动倾向。对抗日根据地军事建设，要求抗日根据地的军事机构均应包含主力军、地方军、人民武装（即不脱离生产的自卫队及民兵）。主力军应采取适当的精兵主义。主力军与地方军的比例在山区为 2：1，在平原为 1：1，在某些最困难地区，主力军全部地方化。军事建设的注意力应放在地方军及人民武装的扩大和巩固上。人民武装应当占群众中青壮年的大多数。太平洋战争爆发的第二天，中共中央发表宣言指出，八路军、新四军将继续忍受艰难困苦，坚持华北华中敌后抗战，粉碎日军的"扫荡"，牵制大量敌人。12月17日，中共中央发出关于抗日根据地工作的指示，号召艰苦抗战的敌后军民长期坚持游击战争，"咬紧牙关，渡过今后两年最困难的斗争"。针对日军对敌后根据地的疯狂进攻，中国共产党认为，必须充分发挥人民战争的威力，开展全面的对敌斗争。这就是，在军事、政治、经济、思想文化各方面展开斗争，避免单纯在军事上同敌人硬拼。只有这样，才能不断地消耗和削弱敌人，保存和积蓄自己的力量。

按照中共中央、中央军委的指示，各部队相继进行精简整编，实行主力兵团地方化，并抽调大批精干人员充实到区、县，普遍加强人民武装建设，发展和完善主力军、地方军和人民武装三位一体的人民战争的军事体制。在这一体制下，主力兵团随时执行超地方的作战任务，地方兵团在一定地区内担任分散的游击战任务，民兵、自卫军以广泛的游击战打击敌人，保卫家乡。这样就形成三者间各有分工、相互配合的强大的战斗力量，使游击战争得以空前广泛地开展起来。面对日、伪军的残酷"扫荡"和"蚕食"，敌后军民展开了艰苦的反"扫荡"、反"蚕食"斗争。

1941年年初，日军华北方面军的兵力为11个师团、12个独立混成旅团共约28万人，伪军有10余万人。日军对付抗日军民的主要手段是利用军事上的优势，集中主要兵力，先后对鲁西、冀鲁豫边、冀东、冀中等平原抗日根据地以及晋察冀抗日根据地的北岳、平西地区，太行抗日根据地，鲁中沂蒙山区抗日根据地，进行持续的大规模"扫荡"。因而，反"扫荡"作战就成为抗日根据地斗争的中心内容和主要作战形式。

各抗日根据地军民在一系列反"扫荡"战役战斗中，一方面充分发挥地方武装和民兵的作用，广泛开展群众性的游击战争。另一方面将主力兵团置于高度机动位置，或集中兵力，破敌一路；或跳出敌包围圈，转至外线作战，迫敌回援；或乘敌不备，袭击敌人的主要交通线和后勤补给基地。通过主力军与地方武装相结合、内线与外线相结合的战法以及机动灵活的战略战术，连续粉碎日、伪军的一次次"扫荡"，使抗日根据地得以坚持和巩固。

1941年秋，日、伪军7万余人多路出动，对晋察冀根据地北岳、平西地区进行"扫荡"，企图对边区党政军领导机关和主力部队进行"铁壁合围"。边区部队留一部兵力同民兵结合，在内线迟滞、消耗敌人，边区党政军领导机关迅速转移到安全地区，主力部队则按计划进到铁路沿线和日、伪军的侧后，打击敌人，使"扫荡"之敌连连扑空，疲于奔命。在日、伪军转入分区"清剿"后，抗日军民又内外线策应，频频打击敌人。在此期间，晋西北、太行、太岳、冀南、冀中等区军民积极对各自的当面之敌发动攻击，配合北岳、平西军民的反"扫荡"斗争。9月末，日、伪军被迫撤退，晋察冀军民迅速集中力量乘机开展袭击、伏击和追击作战，有力地打击了敌人。这次反"扫荡"作战，历时两个多月，作战800余次，歼敌5500余人，粉碎了日军摧毁北岳、平西抗日根据地的企图。

1942年5月1日，日军出动5万余人、700辆汽车和大量坦克、飞机，由华北方面军司令官冈村宁次指挥，对冀中抗日根据地进行"拉网"式的大"扫荡"。这次"扫荡"给冀中军民造成了惨重伤亡。八路军第三纵队兼冀中军区决定主力部队分别向外转移，留下大部分基干团和地方游击队继续坚持斗争。坚持内线斗争的部队以连、排为单位活动，在民兵和广大人民群众的配合下，运用地雷战、麻雀战、地道战等多种方式，顽强地与日军进行斗争。冀中抗日军民经过两个多月的艰苦斗争，共作战270余次，毙伤日伪军1.1万余人，粉碎了日军消灭冀中八路军领导机关和主力部队的企图。

◎ 平原地区军民开展地道战

八路军自身也遭受很大损失，部队减员 46.8%，抗日根据地大部沦为敌占区，部分变为游击区。

从 1942 年 5 月中旬开始，日军集中 3 万余兵力，采取"铁壁合围""捕捉奇袭"等战法，分 3 期对太行、太岳抗日根据地进行夏季"扫荡"。八路军太行军区、太岳纵队兼太岳军区在此次反"扫荡"战役中，共歼敌 3000 余人，粉碎了日军的企图，坚持和巩固了抗日根据地。

从 1942 年 7 月开始，华北日军分别对晋绥、晋察冀、冀鲁豫、太行、太岳和山东等抗日根据地实施了万人以上的全面"扫荡"。各抗日根据地军民英勇奋战，粉碎了日军的"扫荡"，坚持和巩固了华北各抗日根据地。

◎ 日军在敌后根据地修筑的碉堡

为了打破日军依托交通线和据点进行的封锁和"蚕食"，华北各抗日根据地军民紧密配合，从政治、经济、军事等多方面广泛深入地开展反"蚕食"斗争。在对死心塌地的汉奸进行坚决镇压的同时，尽量做争取伪军、伪政权组织成员的工作；对俘获的伪军官兵，一般在教育后予以释放，以促使其反正。当敌人"蚕食"推进时，以主力部队、游击队和民兵紧密配合，乘敌立足未稳给予坚决打击。当敌人建立据点、碉堡时，抗日根据地军民密切协作，以坑道爆破和地面游击相结合，对敌进行围困，使其断粮、断水，难以立足；在时机有利时，则集中优势兵力，进行交通破袭战，拔除敌军据点。1941 年 5 月上旬，冀南军民 7 万余人展开 5 昼夜大破袭，一举切断了敌人的主要交通线。10 月，"扫荡"太岳根据地的日、伪军企图在沁源建立所谓"山岳剿共实验区"。沁源抗日军民以主力部队、地方武装、民兵和群众相结合，组成 13 个游击集团，对敌人进行反围困斗争。他们在以沁源城为中心的主要道路两旁，组织 20 多个村镇 3200 多户 1.6 万人转移，对敌实施断粮、断水、断交通。经过较长时间的围困战，迫使日、伪军不得不退出抗日根据地。

为争取对敌斗争主动权，敌后抗日军民于 1942 年春首先在华北实行"敌进我进"的方针。这是敌后抗日游击战争的重要创造。各抗日根据地创造出多种形式的"敌进我进"。如晋察冀边区在 1942 年年初提出"到敌后之敌后去"。山东八路军于 1942 年冬提出"翻边"战术，即敌人打到我这里来，我打到敌人那里去。10月，毛泽东指示晋绥边区"积极开展游击战争，向敌人挤地盘"。经过斗争实践，各种形式的"敌进我进"均收到明显的效果。

1943年上半年，日军华北方面军将"扫荡"的重点指向山东、北岳、太行等抗日根据地。八路军共作战2.48万次，歼灭日、伪军19.4万余人，粉碎了日军的大规模"扫荡"。到12月底，日军对华北各抗日根据地的"扫荡"以彻底失败而告终。此后，日军在华北除对局部地区主要是沿海地区进行"扫荡"外，再也无力进行大规模的"扫荡"。华北抗日斗争逐渐由被动转为主动，斗争形势发生有利变化，为转入局部反攻创造了条件。

在华中，1941年，日军把"扫荡"的重点放在苏南、苏中、淮南，以及中共中央华中局、新四军军部驻地苏北，并有计划地进行大规模的军事、政治、经济、思想等种类繁多的"清乡"。新四军各部在军部统一指挥下，连续粉碎日、伪军的"扫荡"和"清乡"，但自身和抗日根据地也遭受了不同程度的损失和摧残。1942年，华中抗日军民艰苦奋战，粉碎日、伪军一次又一次的"扫荡""清乡"和"清剿"，保卫了抗日根据地。1943年是华中敌后抗战严重困难的一年。华中敌后抗日军民积极开展群众性的游击战争，共作战4500余次，粉碎日、伪军30余次千人以上的"扫荡""清乡"及"蚕食"，歼灭日伪军3.6万余人，扭转了困难局面，进入转折阶段。

华南敌后抗日军民在艰难的条件下顽强坚持斗争，抗日根据地和抗日武装得到恢复和发展。

3. 人民战争显神威。针对日军对敌后抗日根据地的疯狂进攻，中共中央指出，必须充分发挥人民战争的威力，开展群众性的游击战争，发展游击战争的战略战术，全面开展对敌斗争。在极其艰苦的反"扫荡"、反"蚕食"、反"清乡"斗争中，华北敌后抗日军民创造了许多行之有效的作战形式和歼敌方法，如民兵联防、交通破袭战、麻雀战、地雷战、地道战、水上游击战、武装工作队（简称武工队）等，使日、伪军陷入人民战争的汪洋大海之中。

在作战指导上，由过去的各村为战，逐步发展为地区性的民兵联防。晋绥地区的民兵经常深入敌据点附近监视日军，一旦日军出动，立即发出信号，迅速传到全联防区。有的在日军必经之地挖沟、垒墙、埋设地雷，阻碍和限制其行动。冀中地区民兵抓住日军外出活动的规律，创造了埋伏在碉堡附近，日军一出门便给予痛击的"堵门战"和埋伏在树林、村边活捉敌零散人员的"捕捉战"。山东地区民兵开展了沿日军行军路线的"车轮战"、同日军转圈子的"推磨战"，以及一处打响、四处驰援的"蜂窝战"。在1943年5月的反"扫荡"作战中，太行区参战民兵达1.5万多人，作战2000多次。日军在太行山腹地活动时，几乎是"遍地枪声响，村村打日军"。

交通破袭战是八路军的惯用战法，在百团大战中曾大规模采用，此时又有新的发展。

麻雀战主要在山区实行。山区地势复杂，道路崎岖，民兵等人民自卫武装熟悉当地情况。当日、伪军进入根据地后，人民武装像麻雀一样满天飞翔，时聚时散，到处打击敌人，而日、伪军则因人地生疏，只能在大道上盘旋挨打、无可奈何。

无论山区和平原，都普遍运用地雷战。群众自己动手，就地取材，利用废铁、废瓶和石头、瓦罐，制成各式各样的地雷，巧布地雷阵，埋在村口、路口、门庭院落以及小河沟、大道旁、水缸下、门榻上等地方，使日、伪军无论是在路上，还是进村入户，都有触雷丧命的危险。敌后军民还把地雷埋到敌人的碉堡下，常常把外出的日、伪军炸得血肉横飞，使他们心惊胆战，防不胜防。民兵的埋雷方法和使用手段越来越巧妙，在对敌斗争中发挥了很大威力。山东地区的民兵除以地雷阵保卫村庄和打击进行掠夺的日军外，还开展了"飞行爆炸运动"，把地雷变成进攻性武器。民兵不仅制造了铁雷、磁雷、石雷、瓦罐雷、瓷瓶雷等，而且埋设方法日益巧妙，有拉雷、绊雷、水雷、连环雷和真假结合的子母雷等。晋察冀抗日根据地北岳区民兵在1943年反"扫荡"中，地雷战大显神威。爆破英雄李勇率领的爆破组以冷枪射击和地雷阵相结合的战法，毙伤日军130多人；又创造以地雷战与"麻雀战"相结合的战法，创造了毙伤日、伪军300多人，炸毁汽车5辆的战绩。李勇被誉为"爆炸大王"和晋察冀边区"民兵英雄"。山东海阳的于化虎先后研制出30多种地雷，消灭日、伪军171人，"活雷化虎"的威名传遍胶东抗日根据地。

地道战在游击战争中发挥了重要作用。华北平原地区军民首先进行破袭战，在道路上挖沟，使日军的机械化部队难以行进，而根据地军民的转移却有了掩护。随着环境的恶化，敌后军民在一家一户所挖的土洞、地窖的基础上，建成户户相通的地道。后来，地道由村内相通，发展成村村相连、能打、能藏、能机动转移的地道网，日军用烟熏水灌，或施放毒气，都无济于事。军民依托地道，人自为战，村自为战，有效地打击敌人，保存自己。在冀中的许多地区，不仅形成了户户相通、村村相连的地道网，而且形成了房上、地面、地下"立体"的能藏、能打、能防毒、能防水、能机动的地道体系。清苑县冉庄民兵依托地道工事，两次打退大批日、伪军的进攻。冀南区肥乡县有的地区 10 几个村的地道相互连接，形成一个广大的地道网，有的把村落地道变成了打击日军的"迷魂阵"。

水上游击战主要是在华中水网地带进行。抗日军民利用河湖港汊的复杂地形，采用拦河筑坝、设置水下障碍等办法，使日军汽艇难以行驶，而敌后军民的小木船则可以在广阔水域里出没自如，寻找机会狠狠打击日、伪军。

武装工作队是敌后军民为扭转反"扫荡"的被动局面、争取对敌斗争的主动而创造出来的。武工队是军队、政府和人民相结合的精干的战斗组织，是根据地军民为深入敌人的心脏地区活动而创造的新的斗争方式。1942 年 1 月，中共中央北方局正式决定建立武装工作队。据此，各抗日根据地普遍组织由军分区或旅统一领导的，由军队的连排干部、优秀战士及地方党政干部和工作人员、敌工干部、翻译人员（有的地区还有日本反战团体成员）组成的武工队，深入敌占区全面开展对敌斗争。当年春季，在华北反"扫荡"作战中实行"敌进我进"方针，首先采用了武工队这种组织形式和斗争方式。当日、伪军向抗日根据地进行"扫荡""蚕食""清剿"时，根据地军民以一部分力量深入敌人后方，广泛开展军事、政治攻势。这部分武装力量逐步发展成为深入敌人心脏地区活动的武工队。每个队员既是战斗员，又是宣传员、组织员；既能打仗，又能独立进行各项宣传和动员群众的工作。他们深入敌占区和接敌区，以军事斗争同政治斗争相结合，公开斗争同隐蔽斗争相结合，广泛地向群众开展宣传，揭露敌人，搜集情报，锄奸反特，破坏日、伪统治秩序，争取并瓦解伪军和伪组织，发展秘密武装，建立两面政权[①]，形成"隐蔽根据地"，把日、伪统治的心脏地区变成打击敌人的前沿阵地。在敌人的碉堡附近，常能听到武工队队员开展政治攻势的声音。武工队队员还访问伪军家属，要他们转告自己的亲属早日弃恶从善。日、伪军抢粮时，武工队队员及时出现，帮助群众进行抵抗，夺回粮食。这样，日军在所

---

① 这是中共党组织为坚持抗日根据地的对敌斗争而建立的一种特殊的基层政权，它在表面上采用伪政权的形式和做法，但在实质上、在人民群众心目中仍然是抗日的政权组织。当时，把这种基层政权形容为"白皮红心"。

谓的"治安区"也不能得到安宁。实践证明，采取武工队的组织形式和斗争形式，适合于开展广泛的群众性游击战争，能充分发挥人民战争的威力，对打破敌人的"蚕食"、封锁和"治安强化运动"起到了重要作用。

在人民抗日武装力量以灵活机动的游击战战略战术的打击下，日、伪军被淹没在人民战争的汪洋大海之中。敌后军民的斗争，牵制、消灭了大量日、伪军，成为中国坚持长期抗战最重要的因素，也是对世界反法西斯战争的巨大支持。

4.英雄浩气贯长虹。为了争取民族独立和解放，在艰苦卓绝的敌后抗战中，八路军、新四军和其他人民抗日武装以及广大人民群众不怕流血、勇于献身，表现出大无畏的革命英雄主义气概，其事迹撼山岳、惊天地、泣鬼神。华北平原上的一个庄户人家写下这样一副对联："万众一心保障国家独立，百折不挠争取民族解放"；横批是："抗战到底"。这是中华儿女同日本侵略者血战到底的怒吼，是中华民族抗战必胜的宣言。

在可歌可泣的敌后军民抗战中，涌现出成千上万的民族英雄。在1941年11—12月的鲁中沂蒙山区抗日根据地军民反"扫荡"战役中，八路军山东纵队鲁中军区司令员刘海涛，宣传部部长刘子超，国际友人、德国记者汉斯·希伯等人壮烈牺牲。1942年5月，日军对太行抗日根据地发动大"扫荡"。5月25日，在驻山西辽县的中共中央北方局和八路军总部遭到敌人合围的危急情况下，八路军副参谋长左权在十字岭指挥部队掩护机关突围转移，不幸牺牲，年仅 37 岁。他牺牲后，延安和太行根据地为他举行追悼会，并改辽县为左权县。八路军朱德总司令赋诗一首，悼念这位智勇双全的高级将领："名将以身殉国家，愿拼热血卫吾华。太行浩气传千古，留得清漳吐血花。"

在敌后抗战中，英雄群体也层出不穷。1941 年 9 月 25 日，在冀西易水河畔的狼牙山区，八路军战士马宝玉、胡德林、胡福才、宋学义、葛振林为掩护党政领导机关和群众转移，主动把日军吸引到自己身边，一步步退到悬崖绝壁，据险抵抗，连续打退日军 4 次冲锋。在子弹打光后，就用石块还击。面对步步逼近的敌人，他们宁死不屈，最后毁掉枪支，义无反顾地纵身跳下数十丈深的悬崖。马宝玉、胡德林、胡福才壮烈殉国；葛振林、宋学义被山腰的树枝挂住，幸免于难，后来脱险。人们赞誉他们为"狼牙山五壮士"。晋察冀军区领导机关授予 3 名烈士"模范荣誉战士"称号；通令嘉奖葛振林、宋学义，并授予"勇敢顽强"奖章。像这样舍身跳崖的英雄群体，在其他抗日根据地也时有涌现。1942 年冬，在鲁中抗日根据地反"扫荡"作战中，山东军区特务营奉命掩护军区机关和群众突围，先后毙伤日、伪军 600 余人。全营最后只剩下 14 名战士，被敌人压缩在对崮山东端，在弹尽粮绝的情况下，跳崖殉国。1943 年年初，日、伪军 2 万余人对苏北等地区发动春季"扫荡"。3 月 18 日，新四军第三师第七旅第十九团第二营第四连在江苏淮阴以北刘老庄遭反扑之敌数千人合围。该连 82 名勇士在连长白思才、

◎ 狼牙山五壮士跳崖处

指导员李云鹏指挥下，英勇无畏、浴血奋战，连续打退敌人5次进攻，最后全部壮烈牺牲。此战后，重建的第四连被命名为"刘老庄连"。"刘老庄连"82烈士只有17位留下姓名，有65位是无名英雄。82烈士的英雄事迹受到新四军领导人的高度赞扬。新四军代军长陈毅盛赞82烈士浴血刘老庄是"惊天地而泣鬼神的壮举"，他还在《新四军在华中》一文中说："烈士们殉国牺牲之忠勇精神，固可以垂式范而励来兹。"

　　中国共产党领导的人民抗日武装来自人民、为了人民、依靠人民，是人民的子弟兵。人民群众是敌后抗战的力量源泉。在极端艰苦的条件下，人民军队能够坚持敌后抗战并不断取得胜利，根本原因是这支军队同人民群众建立了血肉联系，得到了人民群众的拥护和支持。"最后一碗米送去做军粮，最后一尺布送去做军装，最后一件老棉袄盖在担架上，最后一个亲骨肉送去上战场。"这首广为传唱的民谣，就是军民团结如一人、试看天下谁能敌的生动体现。

　　在抗日根据地，广为流传的英雄母亲的事迹，从一个侧面充分说明了"兵民是胜利之本"这一颠扑不破的真理。河北省平山县拥军模范戎冠秀，积极为八路军筹集粮草，组织妇救会、识字班，宣传抗日，带头送子上前线，积极支前，在反"扫荡"战斗中不避艰险，奋不顾身安置救护伤员。1944年2月，在晋察冀边区群英会上荣获"北岳区拥军模范——子弟兵的母亲"光荣称号。1941年8月1日，伪军包围冀中献县东辛庄，威逼村民交出英勇善战的回民支队司令员马本斋的母亲，当场杀死数人，许多人被严刑拷打，却一直没有人告密。马本斋的母亲白文冠不忍群众被打杀，挺身而出。敌人对她威胁利诱，要她写信劝儿子投降。马母痛斥敌人说："我是中国人，一向不知有投降二字。"她坚贞不屈，绝食而死。山东沂蒙山区有一个女性群体，她们送子参军、送夫支前，缝军衣、做军鞋、抬担架、推小车，舍生忘死救伤员，不遗余力抚养革命后代，谱写了一曲曲血乳交融的军民鱼水情。这个英雄群体就是沂蒙"红嫂"。其中，明德英毅然用自己的乳汁救治小战士的事迹感人肺腑。像这样的"红嫂"，在沂蒙山区还有祖秀莲、许来英、张淑贞等。1942 年 7 月，中共胶东区党委决定在牟海县（今乳山市）组建胶东育儿所，选择乳娘哺育党政军干部子女和烈士遗孤。此后 10 多年的时间里，300 多名乳娘和保育员养育了 1223 名革命后代，在应对日军多次"扫荡"和迁徙中，胶东育儿所创造了所养乳儿无一伤亡的人间奇迹。在血雨腥风的战争年代，乳娘们不是亲娘胜似亲娘，她们用生命和鲜血为革命后代创造了温暖襁褓，用朴实无私的行动谱写了一曲感天动地的大爱之歌。"母亲叫儿打东洋，妻子送郎上战场"。北京密云县的邓玉芬是一位广为传颂的"英雄母亲"，她把丈夫和 5 个孩子送上前线，他们全部战死沙场。这样的事迹不胜枚举、感天动地，这是人民战争的真实写照，也是抗战胜利的根本所在。抗战历史告诉我们，有了民心所向、民意所归、民力所聚，人民军队就能无往而不胜、无敌于天下。只要赢得最广大人民的拥护和支持，就能构筑起众志成城的铜墙铁壁。

朱德总司令在《八路军新四军的英雄主义》一文中指出："我们部队仍然创造了许多史无前例的英雄业绩，涌现出许多出类拔萃的新的英雄们……如著名的平型关大捷，阳明堡火烧敌机，使敌人胆寒的百团大战，狼牙山五勇士的壮烈跳崖……全连 82 人全部壮烈殉国的淮北刘老庄战斗……无一不是我军指战员的英雄主义的最高表现。"这样的民族英雄成千上万。他们的英雄事迹，充分表现了中华儿女不畏强暴、反对侵略的民族精神。抗日英雄们的丰功伟绩，永远铭记在中国人民心中。

（三）正面战场对日作战和中国远征军入缅作战

太平洋战争爆发前后，日军对国民党军队担负的正面战场多次发动进攻战役。国民党军队对日军的进攻进行抵抗，有些战役取得了胜利，但有些战役由于指挥不当、作战不力，使部队遭到很大损失。1942 年年初，中国组成远征军进入缅甸，为保卫滇缅公路和支援盟军，在异国他乡进行艰苦征战，取得了仁安羌大捷等作战的重大胜利。中国军队广大爱国官兵的英勇作战，抑制了日军的进攻，坚持了正面战场的抗战。

1.中国正面战场的对日作战。1941 年是日本准备"南进"发动太平洋战争的关键一年。侵华日军在重点对敌后战场进行"治安战"的同时，对正面战场"积极实行短促突击作战"，先后发动了豫南战役、上高战役、晋南（中条山）战役及第二、第三次长沙战役等进攻作战。正面战场的中国军队进行顽强抵抗，并在上高战役和第三次长沙战役中取得较大的胜利。1941 年 1 月，日军第十一军为了打通平汉铁路南段，解除中国军队对信阳日军的威胁，分 3 路准备向豫南发起进攻。中国第五战区司令长官李宗仁指挥 3 个集团军共 8 个军进行防御，采用避实击虚的战略,以一部正面节节抵抗,主力预伏两侧待机,将日军击退。2月12日,恢复战前态势。3月15日至4月2日,日军第十一军2个师团和1个独立混成旅团共4万余人,以分进合击战法攻击南昌方面中国第九战区部队。中国第九战区副司令长官兼第十九集团军总司令罗卓英指挥4个军共11个师,采取诱敌至预设战场而歼灭的方针,取得上高大捷,毙伤日军1.5万余人。5月,日军华北方面军以第一军6个师团、2个独立混成旅团及伪军一部共10余万人,采取两翼钳击、中央突破战术,进攻中条山地区。驻守中条山地区的中国第一战区部队近18万人,由于对日军进攻缺乏戒备、疏于防守,迅速被日军分割、包围和"梳篦扫荡"。中国守军一部突破重围退往黄河南岸,大部向太岳、吕梁山区及黄河南岸分散转移。至5月28日战役结束时,中国第一战区部队伤亡、被俘共7.7万余人,成为"抗战史最大之耻辱"。八路军积极配合友军,有力牵制日军,掩护了国民党军队的突围。9月28日,为配合抗击日军第二次长沙战役,中国第六战区以约15个师的优势兵力向宜昌发动猛攻,日军第十三师团负隅顽抗,双方展开激战。10月10日,第六战区发动总攻击,日军第十三师团陷入绝境。10月11日,日军第三十九师团增援到达战场,挽救了第十三师团的危局。宜昌作战是1941年中国正面战场唯一主动发起的进攻战役,歼灭日军近7000人。1941年12月日本发动太平洋战争后,为策应第二十三军及南方军作战,牵制中国军队向广东方面转移,日军第十一军 4 个师团、2 个独立混成旅团以及 3 个支队共约 12 万人，从 12 月 23 日开始到 1942 年 1 月 15 日，再次对湘北地区及赣北上高、修水等地发起进攻。此役，中国第九战区第一线兵团依托阵地逐次抵抗，给日军以相当严重的损耗和迟滞。长沙守备部队顽强坚守核心阵地，连续挫败日军进攻，给日军以有力打击。第二线反击兵团对日军的合围部署得当、协同周密，反击动作坚决有力，对撤退的日军穷追不舍，使日军无法脱离，扩大了战果，从而取得了第三次长沙战役的胜利。此战，歼灭日军数以万计。在美、英等国军队于太平洋战场接连失利的形势下，长沙战役的胜利引起强烈的国际反响。

1942 年是日军在太平洋战场实施大规模战略进攻的一年。日军调整侵华战略，其核心内容是坚持持久战态势，确保和稳定占领区，使之成为"大东亚战争"的总兵站基地。因此，日军除为解除美军实施穿梭轰炸的威胁，摧毁浙赣铁路沿线地区的中国空军机场而发动浙赣战役外，对中国正面战场没有实施其他大的军事行动。5 月 15 日，日军调集约 9.6 万人沿浙赣铁路东西对进，于 7 月 1 日打通浙赣线，并大肆破坏机场，掠夺物资。中国军队进行逐次抗击和局部反击，予日军以很大杀伤。至 9 月底，日军大部撤回原驻地。此次浙赣战役，日军虽经苦战包括实施细菌战实现了预定目的，但遭受严重损失，共伤亡 1.7 万多人。

1943 年是第二次世界大战发生战略转折的一年。日军在太平洋战场被迫转入战略防御。在中国战场，日军在中国人民持久抗战特别是敌后战场人民战争的有力打击下，遭到很大的消耗和削弱。为改善在中国战场日趋不利的战略态势，以便抽出兵力用于太平洋战场作战，同时牵制中国军队向滇缅战场转用兵力，侵华日军于1943年先后对中国正面战场发动鄂西、常德等较大规模的进攻战役，但遭到中国军队的有力抗击。在鄂西战役中，中国军队共毙伤日军1万余人。在常德战役中，日军猛攻常德城，并大量施放毒剂，飞机轮番轰炸。中国守军第五十七师顽强抗击，反复冲杀。常德陷落时，全师仅剩数百人。此役，中国军队共毙伤日军2万余人，自身也伤亡重大，第一五○师师长许国璋、暂编第五师师长彭士量、预备第十师师长孙明瑾等人殉国。

2. 中国远征军入缅援英作战。缅甸（时为英属地）在中南半岛具有十分重要的战略地位。滇缅公路是中国为适应抗战需要而开辟的一条重要国际交通干线，东起昆明，西至缅甸的腊戍，与仰（光）曼（德勒）铁路连接。缅甸对于盟国中的中英双方来说都有重要战略意义，而对于日本也是发动太平洋战争的重要战略目标之一。太平洋战争爆发后，日军在短时间内席卷东南亚，随即矛头直指缅甸。1942年1月20日，日军第十五军2个师团突破泰缅边境，于3月8日占领仰光。

为保持滇缅公路的畅通，1941年12月23日，中英双方签订《共同防御滇缅路协定》。12月26日，中英订立军事同盟，决定由中国编组远征军赴缅甸支援英军对日作战。中国编组远征军后，准备入缅作战，却遭英方迟滞。直至1942年2月16日仰光危急时，英方才请求中国军队迅速入缅作战。国民政府军事委员会遂令在滇缅边境待命的中国远征军，在第一路副司令长官杜聿明（司令长官为卫立煌，未到任）率领下，第五、第六、第六十六军共10个师10万余人实施入缅援英作战。中国远征军紧急向缅南、缅东地区开进，在英缅军总司令胡敦的统一指挥下对日作战。

此时，日军将第十五军的兵力增加至9.5万余人，并令该军向缅甸全境实施作战。当日军第十五军分路北进时，中国远征军适时赶到前线，分3路南下迎击日军。以第五军为中路军，以第六军担任东路作战，西路伊洛瓦底江沿岸作战由英缅军第一军担任。第六十六军集结于曼德勒地区待机。中国远征军决定控制东吁（又译作"同古"）作为反攻仰光的据点。3月8日，中国远征军第五军先遣第二〇〇师进抵东吁，接收英缅军防务。日军也十分重视东吁，在攻占仰光后，于3月12日命第五十五师团向东吁，第三十三师团向卑谬，同时从东西两翼向东吁的中国军队和卑谬的英军发起进攻。3月20日，日军第五十五师团在航空兵配合下向东吁外围阵地发起攻击，遭守军第二〇〇师顽强抗击。3月25日，敌第五十五师团向东吁市区发起总攻。经过激烈的保卫作战，第二〇〇师于3月29日晚奉命突围，撤出战斗，向东北转移。日军先后出动两个师团，付出惨重代价，仅得到一座空城。东吁保卫战，中国远征军共歼灭日军 5000 余人，有力地支援了英缅军。4 月 1 日，英缅军总司令亚历山大乘车到中国远征军第五军司令部会见杜聿明，赞扬中国军队英勇善战，对中国军队在东吁掩护英缅军安全撤退表示感谢。

4 月 2 日，蒋介石决定由罗卓英接替卫立煌出任中国远征军司令长官，与中国战区参谋长史迪威统一指挥中国远征军。

中国远征军放弃东吁时，日军主力已集中到东吁两侧待机而动。由于英方一再延误入缅时机和缅甸运输系统存在问题等原因，中国远征军被迫采取逐步设防、交替掩护、逐步转进的战法，在东吁北面展开逐次抵抗战。3 月 30 日，第五军新编第二十二师以 1 个营在叶带西占领前进阵地，掩护主力在斯瓦河南北两岸构筑逐次抵抗阵地。经过数次激战，到 4 月 16 日，中国军队安全进入平满纳既设阵地。斯瓦逐次抵抗战是中国远征军入缅作战中的一次成功战例。新编二十二师以不足 1 万人的兵力，抗击日军 2 个师团近 5 万人的兵力，激战 18 天，击毙日军 4500 人，不但完成了阻击敌人、掩护远征军主力的任务，而且消耗打击了日军。

4 月初，承担西线防守的英军全部集结完毕，但一触即溃。4 月 13 日，英军要求中国远征军接防西线，掩护英军撤退。英军全然不顾与中国远征军协调作战的计划，决意放弃缅甸，全线退守印度。这正好给日军以追击围歼英军的机会。4 月 17 日，英缅军第一师全部及坦克营一部被包围于仁安羌以北地区。英缅军不断向中国远征军呼救求援。至 4 月 19 日，中国远征军将日军击溃，救出被围的英军 7000 余人、汽车 100 余辆、战马 1000 余匹，以及随军家眷、英美传教士、新闻记者等 500 余人。仁安羌援英之战，中国远征军新编第三十八师以少胜多，击溃优势日军，战果卓著，受到同盟国的赞誉。战役后，新编第三十八师师长孙立人准备集中全师兵力，反攻当面日军，但英军违背共同防御计划，单方面向印度方向撤退，致使日军重新占领仁安羌，中国远征军浴血奋战的成果付诸东流。仁安羌大捷后，英国政府向师长孙立人等多人授勋，中国远征军名震中外。

自日军进攻缅甸后，英国虽然已将远东的战略重点由新加坡转向缅甸，但其着眼点却是印度。为此，英军遇到日军攻击就轻易撤退，始终未能进行有效的抵抗。而中国远征军则不断向南推进，孤军深入，始终未能得到英军的有力配合。5 月上旬，缅甸战局恶化，中国远征军准备撤退。日军企图切断中国远征军的回国路线。中国守军未能有效阻敌前进。至 4 月 28 日，日军攻占西保，4 月 29 日侵占腊戍，并迅速向中国滇西进犯。由于驻守滇缅公路沿线的中国军队抵抗不力，日军在 5 月初接连侵占滇西边境的畹町、芒市、龙陵等地，并推进至怒江惠通桥西侧。同时，日军另一部于 5 月 3 日攻占八莫，5 月 8 日攻占密支那，切断了中国远征军主力的回国退路。腊戍失守后，史迪威和罗卓英急忙下令放弃曼德勒会战计划，中国远征军各部队均西渡伊洛瓦底江，沿八莫、密支那大道撤向国内。5 月 7 日，史迪威、罗卓英率长官部到达苗西。史迪威率中美少数人员徒步西行，于 5 月 24 日到达印度的丁苏基，改乘飞机飞至新德里。罗卓英率长官部人员断后，继续西行，于 5 月 23 日抵达印度英帕尔。中国远征军一部撤至印度后，蒋介石下令撤销远征军第一路司令长官司令部，成立中国驻印军军部，由史迪威、郑洞国分任总司令、副总司令。

在中国远征军长官部西行前，史迪威、罗卓英鉴于畹町、八莫失陷，决定全军向印度境内撤退，并电告杜聿明，要求第五军（含新编第三十八师）撤往印度。但杜聿明不愿入印，经请示蒋介石，决定率部经密支那向中国境内的片马、腾冲方向撤退。5—7 月，第五军各部均在撤退途中。新编第三十八师在 5 月 18 日抵达曼西后，孙立人奉史迪威命令向西折往印度英帕尔。杜聿明率第五军军部直属部队及新编第二十二师向胡康河谷的大洛和新背洋退却。行军途中，时值雨季，暴雨连日，山洪暴发。部队粮尽药绝，在新背洋附近绝粮 8 日。官兵饥病交加，死伤惨重，仅新编第二十二师就因饥病死亡 2000 余人。5 月 31 日，第五军军部直属部队及新编第二十二师奉命改道入印，在美军空投粮药的支持下，至 7 月 25 日抵达印度利多。第九十六师和炮兵、工兵各一部，奉命经孟拱、孟关、葡萄返回滇西，于 6 月 14 日到达葡萄，转进至山高路险、毒蛇蚊蚋遍地的野人山区，在粮药断绝的情况下，历经千辛万苦，终于翻过高黎贡山，于 8 月 17 日抵达滇西剑川。

第二〇〇师自 4 月下旬东枝战斗后，奉命向北转移，在穿越西保、摩谷公路封锁线时，遭日军伏击。师长戴安澜在率部奋战中身负重伤，于 5 月 26 日晚在缅北茅邦村殉国，时年 38 岁。随后，官兵按照戴安澜的遗愿，抬着他的遗体向云南前进，6 月 17 日抵达云南腾冲附近。6 月 29 日转到云龙时，第二〇〇师官兵仅剩 2600 余人。同年秋季，为戴安澜将军举行了隆重的追悼会。中国共产党高度赞颂戴安澜将军的英雄气概和壮烈业绩，毛泽东赋诗称颂戴安澜："外侮需人御，将军赋采薇。师称机械化，勇夺虎罴威。浴血东瓜守，驱倭棠吉归。沙场竟殒命，壮志也无违。"7 月 20 日，美国总统罗斯福授予戴安澜军团功勋章，表彰他在缅甸战役中的显著战绩。戴安澜成为第二次世界大战反法西斯斗争中第一位获得美国勋章的中国军人。

中国远征军第六十六军（欠新编第三十八师）、第六军等部也几经辗转，分别撤回国内。

中国远征军应英方的请求，紧急入缅支援英军对日作战，历时近半年，转战 1500 余公里，浴血奋战，屡挫敌锋，给英缅军以有力的支援。中国远征军入缅之初兵力有 10 万余人，撤到印度和滇西的部队仅剩 4 万余人。中国远征军的苦战虽未能挽回缅甸防御战的颓势，但中国远征军首次出国与盟军协同作战，为世界反法西斯战争作出了重要贡献。

八 "向着太阳，向着自由，向着新中国发出万丈光芒"

题注：该标题取自 1943 年由牧虹作词、卢肃作曲的歌曲《团结就是力量》。

1943 年是世界反法西斯战争发生根本性转折的一年。1943年和 1944 年，世界反法西斯战争胜利形势发展迅速。同盟国军队在各个战场陆续转入战略反攻和战略进攻。中国战场于是年秋季开始陆续转入战略反攻。中国军队的反攻作战，给日军以越来越沉重的打击，中国抗日战争曙光在前、胜利在望。

（一）世界反法西斯战争的战略转折和中国大国地位的初步确立

1. 世界反法西斯战争转入战略反攻和进攻。进入 1943 年，世界反法西斯战争发生战略转折。苏联和英、美等同盟国军队在苏德战场、北非战场和太平洋战场，相继取得斯大林格勒战役、阿拉曼战役、瓜达尔卡纳尔岛战役等重大胜利，夺取了战争主动权，乘胜展开战略反攻和进攻，从而使这场世界大战发生了有利于同盟国的根本性转折。在太平洋战场，美军于1942年6月在中途岛海战中击败日本海军联合舰队，8月攻入日军重兵把守的瓜达尔卡纳尔岛。经过历时半年的瓜岛之战，美军的海、空力量取得决定性优势，盟军在太平洋战场上转入战略进攻。在欧洲战场，苏军在1943年2月结束的斯大林格勒战役中取得歼灭德军约150万人的胜利。这一战役成为苏德战争的转折点。此后，苏军持续不断地向德军发动反攻，收复大片国土。在非洲战场，美、英盟军于1943年5月将德、意军队赶出北非，胜利结束非洲战事。7月，美、英盟军进击意大利。9月，意大利投降，退出法西斯轴心国，并对德国宣战。从此，德、日、意法西斯轴心解体。1944年，苏军连续发动大规模的攻势作战，把战争推向东欧和德国本土。美、英盟军诺曼底登陆成功，开辟欧洲第二战场。在亚洲、太平洋战场，盟军先后实施收复新几内亚全岛之战、马绍尔群岛战役、马里亚纳群岛战役和莱特湾海战等，沉重打击了日本侵略军，在客观上为中国战场实施对日局部反攻创造了有利条件。

2.中国大国地位的初步确立。随着战争形势的转变，为进一步加强合作，协调军事行动，推动反法西斯战争早日结束，并就战后重建等重大问题交换意见，中、美、英3国于1943年11月23—26日在埃及首都开罗举行首脑会议。开罗会议主要讨论了军事问题和政治问题。关于军事问题，3 国首脑一致认为，中、美、英 3 国参加对日本的共同作战，直到使其无条件投降。在具体作战方向问题上，3 国主要讨论了反攻缅甸的问题。关于政治问题，3 国主要讨论了战后的中国问题，处置日本问题、亚洲被压迫民族问题和成立新的国际组织问题等。最后，中、美、英 3 国共同签署了《开罗宣言》。《开罗宣言》于 1943 年 12 月 1 日正式发表。《宣言》强调战争的目的在于制止和惩罚日本的侵略，剥夺日本自 1914 年第一次世界大战以来在太平洋所夺得或占领的一切岛屿，使日本所霸占的中国领土——东北、台湾和澎湖列岛归还中国，声明中、美、英 3 国"将坚忍进行其重大而长期之战争，以获得日本之无条件投降"。《宣言》确认了中国对台湾的主权地位。11 月 28 日至 12 月 1 日，苏、美、英 3 国首脑在伊朗首都德黑兰举行会议，讨论了对德作战的行动计划问题和战后和平问题。会议协商决定，美、英两国应于 1944 年 5 月在欧洲开辟第二战场。

随着世界反法西斯战争发生根本性转折，成立新的国际组织，以巩固战争胜利成果、维护战后世界和平与安全，逐步被提上同盟国的议事日程。1943 年 10 月 30 日，中国与美、英、苏 3 国共同签署《关于普遍安全的宣言》，迈出了创建新的国际组织——联合国的关键一步。该《宣言》宣布：4 国将建立一个普遍性的维持国际和平与安全的国际组织。中国参与签署此《宣言》，表明中国对建立新的国际组织承担义务，同时也显

◎ 出席联合国制宪会议的中国代表团及随行人员合影

示出中国将在其中处于重要的地位。为具体落实《宣言》要求，1944 年 8—10 月，中、美、英、苏 4 国代表在华盛顿附近的敦巴顿橡树园举行会议，共同拟定联合国机构的组织草案。1945 年 2 月，美、英、苏 3 国领导人在雅尔塔会议签署了成立联合国安全理事会程序等问题的协议。4 月 25 日至 6 月 26 日，中国与美、英、苏 3 国共同发起的联合国制宪会议在美国旧金山举行，世界上 50 个国家的代表与会，讨论制定《联合国宪章》。中国组成以宋子文为首席代表，由国民党、共产党及其他民主党派、无党派人士参加的代表团。中国共产党代表董必武作为中国政府代表团 10 名正式代表之一参加会议。会议最后通过《联合国宪章》，并举行签字仪式。董必武与中国代表团其他成员一起在

《联合国宪章》上签字。《联合国宪章》经中、苏、英、美等多数签字国批准后，于 10 月 24 日生效。根据《联合国宪章》的规定，中国不仅是联合国创始会员国，而且还是安全理事会 5 个常任理事国之一，这标志着中国的大国地位得到了国际法的确认。

（二）敌后战场的局部反攻

在世界反法西斯战争形势发生战略转折的时期，中国共产党领导的敌后战场从 1943 年起开始逐步扭转困难局面，在一些地区开始对日、伪军发起攻势作战，揭开了中国战场战略反攻的序幕。冀鲁豫军区和太行军区于七八月间先后发起卫（河）南战役和林（县）南战役，取得歼灭日、伪军 1.2 万余人的胜利，开辟了卫南、豫北广大地区。八路军山东军区于 1943 年 11 月在鲁南、滨海、鲁中等地区发起攻势作战，歼灭伪军 4000 余人，攻克据点 40 余处。卫南、林南战役和山东军区讨伐伪军的战役，是八路军主动发起的较大规模的进攻作战。这说明，八路军已经度过最困难的时期，在一定程度上夺取了战场主动权，具备了攻势作战的能力，局部反攻的条件开始成熟。

根据新的形势，中共中央确定 1944 年的斗争方针是：继续团结国民党共同抗日，集中力量打击日、伪军，巩固与扩大抗日根据地。从 1944 年起，华北、华中、华南敌后抗日军民对日、伪军普遍展开局部反攻。

◎ 毛泽东和朱德在研究对日反攻作战

在华北，山东军区为歼灭大股伪军和拔除深入根据地内的日、伪军据点，连续发动春、夏、秋、冬季攻势。在一年的攻势作战中，共歼灭日、伪军近 6 万人，收复县城 9 座、国土 4 万余平方公里，解放人口约 930 万。晋冀鲁豫边区为进一步突破日、伪军的封锁线和扩大根据地，于 2—8 月连续实施春、夏季攻势，9 月起展开向敌占城镇和交通线推进的秋、冬季攻势。在一年的攻势作战中，晋冀鲁豫边区部队共歼灭日、伪军 7.6 万余人，收复县城 11 座、国土 6 万余平方公里，解放人口 500 余万。晋察冀军区在春、夏季攻势中，一面巩固根据地的基本区，一面积极向游击区和敌占区伸展，随后又进行以摧毁根据地内的日军铁路、公路线为主要目标的秋、冬季攻势。在一年的攻势作战中，晋察冀军区共歼灭日、伪军 4.5 万余人，拔除敌据点、明堡 1600 多处，解放人口约 758 万。晋绥军区在春、夏季攻势中，对深入根据地内的日、伪军孤立据点展开围困战，拔除不少据点。晋绥边区行政公署和晋绥军区司令部颁令嘉奖参加围困忻县西北蒲阁寨据点斗争的部队和民兵，推广围困战的经验。8 月下旬至 9 月底，晋绥军区又展开以攻歼忻（县）静（乐）、离（石）岚（县）公路沿线日、伪军为重点的秋季攻势。经过一年的对敌斗争，晋绥军区共拔除日、伪军据点 100 余处，解放村庄 3100 余个、人口 40 余万。

在华中，新四军第一师兼苏中军区在春季攻势中，组织车桥战役，歼灭日、伪军 900 多人，解放淮安、宝应以东纵横 50

公里的地区；在夏、秋季攻势中，拔除敌据点数十处，并打破了日、伪军的"扩展清乡"和"强化屯垦"计划。新四军第三师兼苏北军区在春、夏、秋季攻势中，收复1942年冬被日、伪军"扫荡"时侵占的大部分地区，还开辟了部分新区。新四军第四师兼淮北军区在春季攻势中，拔除灵璧、睢宁、泗县等地的一些日、伪军据点，控制了睢泗公路全线。新四军第五师在春、夏季攻势中，拔除潜江、石首、黄冈等地日、伪军据点多处，并开辟了部分新区。新四军第六师第十六旅在秋、冬季攻势中，收复深阳、郎溪、广德、长兴间大部分地区，使苏南抗日根据地扩大到宣（城）长（兴）公路以北地区。新四军第二

◎ 新四军部队展开反攻

师兼淮南军区、第七师兼皖江军区及浙东地区的新四军部队，也对日、伪军进行了积极的攻势作战。在一年的作战中，华中敌后抗日根据地军民共歼灭日、伪军约 5 万人，收复国土 7400 余平方公里，解放人口 160 余万。

华南人民抗日游击队为打击和钳制日军，配合国民党军队在湘桂、粤汉铁路沿线等地的作战，于 1944 年春季开始对敌占城镇和交通线展开攻击。东江纵队以广九铁路为作战重点，多次袭击铁路沿线的车站及其两侧的日、伪军据点，并以一部向港九地区出击，一部挺进粤北，开辟新区。珠江三角洲的人民抗日武装于春、夏季攻势中，拔除部分日、伪军据点，扩大了

◎ 战斗在广九铁路两侧的东江纵队战士

抗日根据地；10月后以一部向粤中挺进，开辟新区。在海南岛，琼崖独立总队（1944年秋，改为广东省琼崖抗日游击队独立纵队，简称"琼崖纵队"）在除五指山中心区外的各地展开攻势作战，开辟了白沙县阜龙乡抗日根据地。在一年的作战中，华南人民抗日游击队巩固了东江、珠江地区原有抗日根据地，开辟了粤北、粤中部分新区，发展了潮（州）汕（头）地区和雷州半岛的抗日游击战争。

在1944年的局部反攻中，敌后抗日军民共歼灭日、伪军约31万人，收复县城16座、国土8万余平方公里，解放人口约1200万。

1944年，按照中共中央统一部署，还展开了开辟战略新区的斗争。中共中央先后命令八路军、新四军各一部向河南、湘粤赣边、苏浙皖边敌后进军，开辟战略新区，建立和扩大战略反攻基地，并为盟军可能在中国东南沿海的登陆作战创造条件。向河南敌后进军的任务是由八路军、新四军共同完成的。经过斗争，开辟了豫西，发展了豫南，扩大了豫东，恢复了原豫皖苏边区，进一步打通了华北与华中的联系，基本达到了控制中原的战略目的。在恢复豫皖苏边区的斗争中，新四军第四师师长彭雪枫率部西进，于9月11日在河南夏邑县八里庄与国民党顽军战斗中不幸牺牲，时年37岁。中共中央及华中局、新四军军部分别为彭雪枫举行隆重的悼念活动。毛泽东亲笔手书挽联："为民族、为群众，二十年奋斗出生入死，功垂祖国；打日本、打汉奸，千百万同胞自由平等，泽被长淮。"向湘粤赣边进军的部队主要是由陕甘宁晋绥联防军所属第三五九旅一部组成的南下支队。南下支队向湘粤赣边进军，历时近 1 年，转战陕、晋、豫、鄂、湘、赣、粤 7 省。虽然由于形势变化，未能实现创建五岭（指越城岭、都庞岭、萌诸岭、骑田岭、大庚岭）抗日根据地的战略目的，但推动了所经地区人民的抗日斗争，扩大了共产党及八路军的影响，增强了中原抗战的力量。向苏浙皖边进军的主要是新四军第一师主力。南下部队克服困难，英勇作战，有力地打击了日、伪军，粉碎了国民党顽固派军队的进攻和阻挠，开辟了苏浙皖边敌后新区。

根据国内外形势的变化，毛泽东在 1944 年 12 月指出，1945 年敌后抗日军民的首要任务是"消灭敌伪，扩大解放区，缩小沦陷区"。同时，中共中央要求在 1945 年切实做好扩大解放区的工作。1945 年，解放区军民向日、伪军发起更为猛烈的春、夏季攻势。八路军、新四军共歼灭日、伪军 16 万余人，收复县城 60 余座，扩大解放区 24 万余平方公里，解放人口近 1000 万。同时，人民抗日武装力量得到空前发展。到 1945 年夏，八路军、新四军和华南人民抗日游击队已发展到 90 余万人。

（三）缅北、滇西反攻作战的胜利和豫湘桂战场的大溃败

1. 中国驻印军、远征军反攻缅北、滇西的作战。为准备反

攻缅甸，打通中国西南国际交通线，1942年8月，国民政府军事委员会成立中国驻印军总指挥部，负责中国驻印部队的整训。1943年2月，国民政府军事委员会重建远征军，任命陈诚为司令长官（后由卫立煌接任），负责第二批远征军的整训。中印公路从印度东部的列多，经野人山区、胡康河谷，至缅甸北部的密支那、八莫，与滇缅公路相接，沿线均为人迹罕至的崇山峻岭、纵横交错的山谷河流，雨季泥泞难行，蚂蟥遍地，筑路、行军、作战都非常艰难。打通中印公路，反攻缅北的作战，是由中英驻印军、中国远征军和盟军分头协同进行的。

1943年春，中国驻印军派出一部自印度东部阿萨姆的利多进入野人山，掩护中美工兵部队修筑中印公路，并逐步向缅北推进。10月下旬，中国驻印军在英、美军各一部的配合下，向缅北日军发起反攻。至1944年春，中国驻印军已推进至孟拱河谷。1944年3月，侵缅日军向印度科希马和英帕尔发动进攻。为牵制缅北日军、策应英军作战，中国应盟军东南亚战区统帅部的请求，于4月上旬紧急空运2个师到印度接收美械装备，随即投入反攻缅北的作战。6月，中国驻印军攻占孟拱城；8月，攻克密支那。10月中旬，中国驻印军分两路向瑞姑、八莫等地日军发起攻击，并于1945年3月30日与英军会师乔梅，胜利完成了反攻缅北的作战任务。

为策应中国驻印军反攻缅北和英军在印度英帕尔的作战，并打通中印公路，中国远征军在美军第十四航空队配合下，于

◎ 中国远征军收复云南腾冲

1944年5月向滇西日军发起反攻。战至11月，收复松山、腾冲、平戞、龙陵等地。滇西残余日军退守芒市等地顽抗。中国远征军一鼓作气，攻克芒市、遮放。日军残部退向畹町。中国远征军乘胜沿滇缅公路及其两侧攻击前进，于1945年1月攻占畹町，继而进入缅甸追歼日军。1月27日，中国远征军与中国驻印军在芒友胜利会师，中印公路全线打通。1月28日，两军在芒友和畹町分别举行会师典礼和中印公路通车典礼。至此，滇西反攻胜利结束，中国远征军陆续回国。

1943年10月至1945年3月，中国驻印军和中国远征军在缅北、滇西的反攻作战，历时 17 个月，收复缅北大小城镇 50 余座，收复滇西失地 8.3 万平方公里，共歼灭日军 4.9 万余人。中国军队也付出重大牺牲，伤亡官兵约 6.7 万人。

反攻缅北、滇西作战的胜利，具有重要的意义和影响。它不仅打通了中国西南国际交通线，把日军赶出中国西南大门，支援了国内正面战场的作战，鼓舞了全国人民的抗战斗志，而且沉重打击了侵缅日军，为盟军收复缅甸创造了有利条件，并减轻了盟军在印缅地区和太平洋地区的压力，有力支援和配合了盟军的对日作战及东南亚人民的抗日斗争。同时，弘扬了中国人民的国际合作精神和民族牺牲精神，提高了中国的国际声望，在中国抗战史上写下了光辉的一页。

2. 国民党军队在豫湘桂战场的大溃败。进入 1944 年，日本侵略者的处境越来越困难。1944 年 1 月，日军大本营为保持日本本土与东南亚占领区的联系，消除同盟国空军对其本土安全的威胁，并给中国正面战场军队以歼灭性的打击，摧毁中国政府继续抗战的意志，向日军中国派遣军下达了"一号作战"命令，决定投入 50 万兵力，占领并确保平汉铁路南部沿线要地及湘桂、粤汉铁路，摧毁铁路沿线地区的同盟国空军主要基地，贯通从中国到越南的大陆交通线。四五月间，日军华北方面军实施平汉线作战，向河南中西部地区发起进攻。中国第一战区除洛阳等地的守军进行较为顽强的抵抗外，多数守军一触即溃，甚至不战而退，日军很快即占领郑州、许昌，打通平汉线，并占领洛阳。5月下旬，日军实施湘桂线作战，以第十一军向湖南进攻。中国守军防线被迅速突破。6月下旬，衡阳陷入日军包围之中，衡阳守军进行了40多天顽强的守城作战，给日军以很大杀伤，但战至8月8日，在弹尽粮绝、孤立无援的情况下，衡阳最终陷落。9月，日军第十一、第二十三军分别从湖南、广东向广西发起进攻，并于11月侵占桂林、柳州。12月，日军第二十三军与由越南北上的第二十一师团在扶绥县南的绥禄会合。至此，日军在形式上完成了打通大陆交通线的任务。1945年1—2月，日军又打通了粤汉路南段，占领并炸毁了江西遂川、赣州等地的空军机场，其"一号作战"到此结束。国民党军队在豫湘桂作战的8个月中，损失人员近60万、空军基地7个、飞机场36个，丢失河南、湖南、广西、广东、福建等省广大地区，总计20万平方公里土地，146座城市，使6000多万同胞沦于日本帝国主义的铁蹄之下，使中国人民的生命财产再度遭受巨大损失。

豫湘桂作战结束后，侵华日军于1945年3—4月接连向豫西、鄂北和湘西地区发动进攻，企图摧毁鄂西北老河口机场和湘西芷江机场，打击中美空军力量和当地中国守军，以确保其华北、华中主要交通线的安全。在此情况下，国民党军队在豫西、鄂北地区抗击日军进攻，歼灭日军1.5万余人；在湘西地区，与来犯日军展开激战，毙伤日军2.4万余人；乘侵占广西的日军收缩撤退之际尾追而进，展开桂柳反攻作战，至8月中旬将桂柳地区全部收复。此时，日本已宣布投降，整个正面战场的对日作战行动就此结束。

（四）国民党统治区民主运动的高涨和成立民主联合政府的斗争

全国抗战初期，国民党当局一度放宽党禁，在一定程度上给予社会各阶层部分民主权利。抗日战争进入战略相持阶段后，国民党当局在趋向消极抗日、积极反共的同时，极力加强其独裁统治，不给人民以更多的抗日民主和自由。中国共产党和各民主党派要求结束国民党的专制统治，在大后方开展了民主运动。

抗战后期，国民党统治的专制、腐败和倒退进一步加剧。在政治方面，坚持一党专政，加强特务组织和保甲制度。国民党特务不经任何法律手续，秘密逮捕大批共产党人、革命青年和爱国民主人士，施以酷刑或任意杀害。人民群众的言论、集会、出版的自由权利被剥夺，个人财产和人身安全无保障。在经济方面，官僚资本利用特权控制国家主要经济命脉，大发国难财。国民党统治区内经济崩溃，物价上涨，民生凋敝，民怨沸腾。在军事方面，国民党军队豫湘桂作战的溃败，给人民造成深重的苦难。国民党的专制、腐败、倒退和正面战场完全不应有的失败，成为国民党统治区掀起新的爱国民主运动的主要原因。国民党统治区爱国民主运动高涨的另一个原因，是中国共产党同民主党派和无党派爱国民主人士的团结战斗。国民党当局的高压政策不但没有使中间力量同共产党拉大距离，反而使它们更加靠近。1944 年上半年，国民党统治区民主人士争取民主的斗争空前活跃。废除国民党一党专政，实行民主政治，以增强团结抗战的力量，已成为人们包括许多中间派人士的普遍要求。

为将民主运动引向深入，中共中央决定向全国提出废除国民党一党专政、成立民主联合政府的主张。9 月 15 日，林伯渠根据中共中央指示，在国民参政会上正式提出建立民主联合政府的主张。他提出："希望国民党立即结束一党统治的局面，由国民政府召集各党各派、各抗日部队、各地方政府、各人民团体的代表，开国事会议，组织各抗日党派联合政府，一新天下耳目，振奋全国人心，鼓励前方士气，以加强全国团结，集中全国人才，集中全国力量，这样一定能够准备配合盟军反攻，将日寇打垮。"这个讲话的全文在《新华日报》上刊出。随后，中国共产党又以书面形式向国民党当局提出成立民主联合政府的方案。10 月 10 日，周恩来在延安发表《如何解决》的演讲，进一步阐明实施这一主张的具体步骤和方法。由于这一主张反映了全国人民的愿望和利益，因此一经提出就在社会上引起强烈反响，得到全国人民的拥护和支持。各党派、各阶层、各社会团体的代表纷纷集会，要求结束国民党一党专政，召开国是会议，成立联合政府，以挽救抗战危机。中国民主同盟在 10 月 10 日发表《对抗战最后阶段的政治主张》，要求立即结束一党专政，建立各党派联合政权，实行民主政治。在中国共产党的影响下，国民党统治区的爱国民主运动朝着要求建立联合政府的明确的政治目标发展。至1945年春，大后方民主运动的规模进一步扩大，要求成立联合政府的呼声更加强烈。

大后方民主运动，紧紧围绕抗日这一中心任务，以争取民主来促进抗战，为促进抗战而争取民主，有力地揭露了国民党统治集团的腐败，教育了中间党派，孤立和打击了顽固势力，壮大了进步势力。各种民主进步力量在成立民主联合政府的口号下逐渐聚集起来，形成了一支新的抗日民主力量，并与共产党建立了密切合作的关系。这不仅有利于中国人民争取抗战的最后胜利，而且为抗战胜利后中国人民争取新民主主义革命的最终胜利准备了有利条件，也为新中国成立后共产党领导的多党合作制度的形成打下了初步基础。

中国共产党还坚决而灵活地同美国的扶蒋反共政策进行了斗争。随着世界反法西斯战争的胜利推进，美国政府开始考虑战后的问题。为了在战后推行争霸世界的全球战略，实现取代日本控制中国的目的，美国将前一时期所采取的赞同国共合作的政策逐渐转变为扶蒋反共的政策。赫尔利[①]来华初期，美国政府的政策是防止国民党政府的崩溃，并让赫尔利居中调处国共关系。因为美国政府开始感到，"中国共产党已变成中国最有动

---

① 1944年9月，赫尔利以美国总统私人代表身份来华，同年11月担任美国驻华大使。

力的力量"，"国民党与国民政府日趋崩溃"，共产党还领导着一支有着很强战斗力的军队。因此美国希望蒋介石开放一点民主，而使共产党把军队交出来。1944年11月7日，赫尔利飞抵延安，表示赞同中共关于废除国民党一党专政、成立民主联合政府的主张。经过3天谈判，赫尔利和中共领导人共同拟定《中国国民政府、中国国民党与中国共产党协定（草案）》。但是，蒋介石拒绝这个"协定"，赫尔利也背弃他在延安时赞同建立民主联合政府的主张。以后，在国共两党多次接触和谈判中，赫尔利对中共表示的态度是：你先交出军队给我，我就给你民主。当他们的政治欺骗被戳穿后，赫尔利在1945年4月2日发表声明，宣称美国政府只同国民党"合作"，不同共产党合作。美国扶蒋反共政策的逐步公开化，助长了国民党政府的反动气焰，增大了中国内战的危机。5月5—21日，国民党召开第六次全国代表大会，拒绝建立民主联合政府的主张，选择了坚持独裁、准备内战的道路。美国及蒋介石的威胁和欺骗，当然不能阻止中国人民争取独立自由民主的解放事业的前进，但已经预示，这个事业在抗战胜利时和抗战胜利后还将经过严重曲折的斗争道路。

（五）中共七大制定争取抗战胜利和建立新中国的纲领路线

1945年4月23日，在春意盎然的季节，在春光明媚的日子，中国共产党第七次全国代表大会在延安中央大礼堂隆重开幕。中共七大是在整风运动和党的六届七中全会作出《关于若干历史问题的决议》的基础上召开的一次历史性的盛会。

这次大会距 1928 年召开的中国共产党第六次全国代表大会已有 17 年，它负有总结以往革命经验和迎接抗日战争胜利的任务。这时，共产国际解散已有两年。对于中国共产党来说，这有利于彻底破除党内把马克思列宁主义教条化、把共产国际决议和苏联经验神圣化的错误倾向，有利于根据中国国情独立自主地解决中国革命问题。毛泽东在 4 月 21 日召开的七大预备会议上阐明七大的工作方针是：团结一致，争取胜利。他指出，大会的眼睛要向前看，而不是向后看。我们现在还没有胜利，前面还有困难，必须谨慎谦虚，不要骄傲急躁，全党要加强团结。

毛泽东在大会上作《论联合政府》的书面政治报告及口头报告，朱德作《论解放区战场》的军事报告，刘少奇作《关于修改党章的报告》，周恩来作《论统一战线》的发言。任弼时、陈云等发了言。大会讨论通过了关于政治、军事、组织方面的报告和政治、军事决议案及新的党章，选举产生了新的中央领导机构。

中共七大整整开了 50 天，到 6 月 11 日结束。出席大会的 547 名正式代表和 208 名候补代表，肩负着全党 121 万名党员的重托，作出了一系列重大决策。

中共七大总结中国共产党领导新民主主义革命曲折发展的历史经验，特别是总结抗战以来的经验，制定了打败日本侵略者、建立新中国的正确的路线、纲领和政策。七大制定的党的政治路线是：放手发动群众，壮大人民力量，在我党的领导下，打败日本侵略者，解放全国人民，建立一个新民主主义的中国。七大指出，新中国不可能也不应该是旧式的资产阶级专政的国家，但也不可能直接成为社会主义国家，而应该是一个在工人阶级领导下、以全国绝大多数人民为基础的统一战线的各革命阶级民主联盟的国家，即新民主主义的国家制度。为着建立新民主主义国家，七大再次提出"废止国民党一党专政，建立民主的联合政府"的口号，并对新民主主义国家应该实行的政治、经济、文化纲领作了详尽说明。鉴于国民党统治集团实行卖国、内战、独裁的政策，七大要求全党在争取建立联合政府的同时，还必须有另外一方面的准备，即警惕内战，准备应付内战。如果国民党发动内战，人民就用革命的战争，打倒反动派，建立新中国。

中共七大把马克思列宁主义基本原理同中国革命具体实际相结合的第一次历史性飞跃的理论成果——毛泽东思想写在了党自己的旗帜上。经过整风运动和讨论《关于若干历史问题的决议》，全党对毛泽东思想有了更深刻的认识和了解。七大通过的新党章规定：中国共产党，以马克思列宁主义的理论与中国革命的实践之统一的思想——毛泽东思想，作为自己一切工作的指针，反对任何教条主义的或经验主义的偏向。七大概括了毛泽东思想的主要内容，指出这是中国人民革命建国的理论，正确解决了有关中国革命的一系列基本问题，指明了中国革命胜利的道路和方向。确立毛泽东思想在全党的指导地位，是七大的历史性贡献，使全党在马克思列宁主义、毛泽东思想的基础上达到了空前的团结和统一。七大号召全党掀起学习毛泽东思想的高潮。刘少奇指出："我们党和许多党员，曾经因为理论上的准备不够，因而在工作中吃了不少的徘徊摸索的苦头，走了不少的不必要的弯路。但现在已经由于毛泽东同志的艰巨工作和天才创造，为我们党和中国人民在理论上作了充分准备，这就要极大地增强我们党和中国人民的信心和战斗力量，极大地加速中国革命胜利的进程。"七大之后，全党同志在毛泽东思想的指引下，下定决心，不怕牺牲，排除万难，去争取胜利。

中共七大系统阐明党的优良传统和作风。七大把党在长期奋斗中形成的优良作风概括为三大作风，即理论和实践相结合的作风，和人民群众紧密联系在一起的作风，自我批评的作风。这是中国共产党区别于其他政党的显著标志，是使党的路线方针政策得以顺利贯彻的根本保证。

中共七大选举产生以毛泽东为首的成熟的中央领导集体，使全党在组织上达到空前的团结和统一。七大选举产生中央委员44人，候补中央委员33人，组成新的中央委员会。6月19日，

◎ 中共七大会场

中共七届一中全会选出中央政治局成员，选举毛泽东、朱德、刘少奇、周恩来、任弼时为中央书记处书记，毛泽东为中央委员会主席、中央政治局主席、中央书记处主席。

中共七大是新民主主义革命时期召开的最重要也是最后一次党的全国代表大会，它以"团结的大会，胜利的大会"而载入党的史册。这次大会为中国共产党及其领导的人民武装力量实行对日全面反攻在理论、思想、组织等各方面做了准备，也为中国人民争取抗日战争胜利和新民主主义革命在全国的胜利、建立新中国奠定了基础。大会正确分析抗战胜利前后的国内外形势，指出中国面临着光明与黑暗两种前途、两种命运的抉择，提出全力去争取光明的前途和命运、反对黑暗的前途和命运的任务，从而为中国人民指明了奋斗的方向。七大以后，全党紧密地团结在以毛泽东为核心的中共中央周围，为夺取抗日战争的最后胜利和新民主主义革命的彻底胜利而努力奋斗。

九 "庆祝抗日胜利，中华民族解放万岁"

题注：该标题出自 1945 年 9 月 3 日《新华日报》登载的毛泽东的题词："庆祝抗日胜利，中华民族解放万岁！"

1945 年，是世界反法西斯战争的最后一年，也是中国抗日战争的最后一年。世界反法西斯战争出现空前有利的形势，德、日法西斯已日暮途穷，最后覆灭指日可待。在欧洲战场，捷报频传，反法西斯战争已临近最后胜利。在亚洲、太平洋战场，盟军步步逼近日本本土。中国解放区战场，继展开对侵华日军的局部反攻之后，又发起势如破竹的全面反攻。经过 14 年浴血奋战，中国人民取得了抗日战争的伟大胜利。

（一）世界反法西斯战争的胜利发展

进入 1945 年，世界反法西斯战争继续向着胜利的方向发展。苏、美、英盟军在欧洲战场彻底战胜法西斯胜利在望。1 月，苏联军队向德军发动强大攻势，迅速打破希特勒的防御计划。3月间，美、英等国在西欧的军队渡过莱茵河，攻入德国腹地。4月下旬，苏军完成对柏林的包围。

德、意法西斯的覆灭，使日本法西斯陷于完全孤立的境地。反法西斯同盟国决定进一步加强合作，完成对日最后作战。1945年2月4—11日，苏、美、英3国领导人斯大林、罗斯福、丘吉尔及其外长在苏联的雅尔塔举行会议，讨论欧洲战后处理和对日作战问题。会议决定对德国作战直至德国无条件投降，解散纳粹党和德国国防军，苏、美、英、法4国对德国进行分区管辖，以及惩处战犯、赔款等事项。会议根据1943年10月中、美、英、苏4国宣言中关于在战后建立一个普遍性国际组织的建议，签署了成立联合国安全理事会程序等问题的协议。2月11日，苏、美、英3国代表签订关于日本问题的秘密协定，亦称《雅尔塔协定》。雅尔塔会议协调了苏、美、英三大国最后打败德、日法西斯的战略计划，对尽早结束反法西斯战争起了重要的推动作用。

《雅尔塔协定》规定在3项条件下，苏联于欧洲战争结束后2个月或3个月内参加对日作战。这3项条件是：（1）外蒙古的现状须予维持；（2）日本于1904年所夺取的俄国权益须予恢复，即库页岛（萨哈林岛）南部和邻近一切岛屿交还给苏联，大连商港国际化，苏联在该港的优越权益须予保证，苏联租用旅顺港为海军基地，中东铁路和南满铁路由苏中合办公司共同经营（经谅解，苏联的优越权益须予保证，而中国保持在满洲的全部主权）；
（3）千岛群岛须交予苏联。在会议结束4个月之后，美国政府正式将协定的内容告诉中国政府。苏联参加对日作战，固然是对中国抗战的援助，但《雅尔塔协定》关于中国问题的条款，是由美、英、苏三大国首脑背着中国政府和中国人民作出的，无论就其内容还是就其签署的方式来看，都反映了美、苏等国从自身战略利益出发的意图，损害了中国的主权和利益。

雅尔塔会议后，欧洲战场反法西斯战争取得彻底胜利。4月25日，苏军和美军的先遣部队在易北河畔托尔高胜利会师。4月28日，意大利人民在北部各城市举行武装起义，游击队逮捕了法西斯头目墨索里尼，并由人民法庭判处死刑，陈尸米兰街头。4月30日，德国法西斯头目希特勒自杀身亡。5月2日，苏军攻克柏林。5月8日24时，德国宣布无条件投降。欧洲战争结束。

欧洲战争结束后，世界反法西斯战争进入最后阶段。但这时日本的实力尚未遭受致命打击，还在准备作垂死挣扎，进行所谓本土决战。1945年2—5月，日本经过两次"兵备动员"后，组成40多个师团约240万兵力，建立起从菲律宾的吕宋岛经台湾、琉球群岛至小笠原群岛的防线。在中国东北及朝鲜北部，日军配备75万兵力，企图以此与日本本土及外围诸岛连成一体，坚持长期作战。

为了继续给日本以打击，亚洲、太平洋战场继续发动对日本的攻势。6月下旬，美军进攻并占领冲绳，完成"越岛进攻"的最后一战，初步为进攻日本本土创造了条件。中国、亚洲大陆各战场发起对日反攻，日本法西斯的灭亡指日可待。

1945年7月17日至8月2日，苏、美、英3国领导人斯大林、杜鲁门、丘吉尔以及3国的外长、参谋长和顾问等，在德国柏林西南的波茨坦举行会议。会议通过了《柏林会议公报》和《柏林会议议定书》。《议定书》的主要内容包括召开中、苏、美、英、法5国外长会议，进行缔结和约的准备工作，同盟国管制期内处置德国的政治及经济原则，德国的赔偿等。会议还着重讨论了结束对日作战的条件和对日本的战后处置问题。7月26日，波茨坦会议以宣言的形式发表《中美英促令日本投降之波茨坦公告》（苏联于8月8日正式声明加入），敦促日本法西斯立即投降，并宣布盟军将占领日本本土，依照法律惩办战犯，实施《开罗宣言》条款等。《波茨坦公告》指出："开罗宣言之条件必将实施，而日本之主权必将限于本州、北海道、九州、四国及吾人所决定其他小岛之内。"《波茨坦公告》表明了打败日本法西斯的坚定决心，对赢得世界反法西斯战争的最后胜利起了重要作用。

日本政府面对败局，企图争取苏联继续中立，并由苏联出面斡旋，达成日本与美、英之间有条件的议和。苏联政府拒绝日本的要求，并加速了对日作战的准备。至7月底，苏军在远东的兵力共计陆军80个师（其中6个骑兵师、2个坦克师）、火炮 2.6 万门、坦克和自行火炮 5500 余辆、作战飞机 3800 余架、海军各种舰船 500 余艘、海军航空兵飞机 1500 余架，总兵力达 150 余万人，形成了对日本关东军的绝对优势。

《波茨坦公告》发表后，日本政府全面加以拒绝，仍继续顽抗。同盟国决心对日本法西斯进行最后一战。美国为迫使日本投降，先后于 8 月 6 日、9 日在日本的广岛和长崎投下两颗原子弹。广岛死伤 17 万人，长崎死伤 6.6 万人。美国的原子弹攻击震动日本朝野，产生了一定的威慑作用。8 月 8 日 17 时，苏联宣布从 8 月 9 日起同日本处于战争状态。8 月 9 日零时，苏军发起远东战役，从西、北、东 3 个方向 600 公里的战线上进入中国东北，同时对日本关东军发动进攻，经 10 余天作战，击毙日军 8.3 万余人，俘日军 60.9 万余人。苏军伤亡 3.2 万余人。苏联参加对日作战并取得远东作战的胜利，加快了日本投降的进程。

（二）解放区战场的全面反攻

八路军、新四军完成 1945 年对日军的夏季攻势作战，对日军占领的点（战略要点）和线（以交通线为主）的包围越来越紧，打通了许多解放区之间的联系，在行动上取得主动地位，逐步实现由游击战向运动战转变，为转入全面反攻创造了重要条件。在世界反法西斯战争胜利发展的形势下，中国解放区军民开展了对日全面反攻作战。这时，国民党军队主要集中在中国的西南、西北地区，而日军在华北、华中和华南占领的大部分城镇、交通要道和沿海地区都处在中国共产党领导的敌后战场抗日军民的包围中，因而对日全面反攻的任务，主要是由解放区军民来承担的。

苏联政府对日本宣战第二天，8月9日，毛泽东发表《对日寇的最后一战》的声明，号召"中国人民的一切抗日力量应举行全国规模的反攻，密切而有效力地配合苏联及其他同盟国作战。八路军、新四军及其他人民军队，应在一切可能条件下，对于一切不愿投降的侵略者及其走狗实行广泛的进攻，歼灭这些敌人的力量，夺取其武器和资财，猛烈地扩大解放区，缩小沦陷区"，为"夺取最后胜利而斗争"。8月10日，中共中央要求各地立即布置动员一切力量，向敌伪进行广泛的进攻，迅速扩大解放区，壮大人民军队，并须准备于日本投降时，能迅速占领所有被我包围和力所能及的大小城市和交通要道。8月9日24时至11日18时，朱德总司令连续发布关于受降和对日展开全面反攻等7道命令，要求各解放区抗日武装部队向其附近的日、伪军发出通牒，限他们于一定时间内向人民军队缴械。如遇日、伪武装部队拒绝投降缴械，即应予以坚决消灭。8月16日，日军大本营在下达"停止战斗行为"命令的同时，又命令日军"在不得已的情况下，为了自卫可以采取战斗行为"。由于日军宣布投降又不放下武器，中国共产党领导的人民军队的反攻作战持续进行。

中共中央和八路军延安总部的指示和命令下达后，各解放区立即组织反攻大军，向日、伪军发出通牒，陆续发起猛烈的全面反攻。

晋察冀军区于 8 月 11 日向日本华北方面军司令官发出最后通牒，限其在 48 小时内令所属日军投降。日军拒降后，晋察冀军区在广大群众的支援下，对日、伪军展开全面反攻，一部攻夺大同、丰镇、集宁、商都等城，一部配合晋绥解放区的部队进攻太原，一部包围北平，一部攻张家口、张北、多伦、沽源，一部攻唐山、秦皇岛、葫芦岛等地，一部攻天津、塘沽，一部攻石家庄、保定。

◎ 八路军收复山海关

晋绥军区于8月11日向附近日、伪军送出限令投降的最后通牒。24小时后，一部向平绥路以北进攻，一部沿黄河北上攻击归绥，一部在南线由同蒲路西侧反攻太原。8月15—19日，先后攻克太原市外围的日军据点，并一度攻入太原以南的晋源县城，对太原形成包围。

晋冀鲁豫地区部队于8月13日开始对日、伪军全面反攻。为了加强晋冀鲁豫地区的军事指挥，中共中央于8月20日决定成立晋冀鲁豫军区；同时，恢复冀南军区。在新的军区指挥下，各地的反攻更加密切配合和协调一致。太行部队一部向新乡、博爱段进攻，并于8月16日晚突入博爱城内，一部向太原进攻。太岳部队于8月20日进抵平遥，随即向平遥、介休地区之间的日、伪军进攻，以策应晋绥军区部队进攻太原，同时切断介休至临汾段的同蒲铁路交通。冀鲁豫部队一部相机进攻开封、新乡、安阳、邯郸，一部配合山东解放区的部队进攻济南。冀南部队首先对运河以东的伪军展开进攻，接着攻击临清城，突入城内，并截歼逃敌大部。

山东军区于8月11日部署全面反攻的任务，随即编成山东野战兵团，动员10万民兵组成数十个临时脱离生产的"子弟兵团"，配合主力部队作战，以5路大军向日、伪军展开全面反攻。鲁中部队组成第一路军，向津浦路济南至兖州段沿线进攻；滨海部队组成第二路军，分别配合胶东部队和新四军进攻青岛、新浦（今属连云港市）；胶东部队组成第三路军，向青岛外围及胶东半岛沿海各城市进攻；渤海部队组成第四路军，向津浦路济南至沧州段沿线进攻；鲁南部队组成第五路军，向津浦路徐州至兖州段进攻。

在华中，从8月中旬开始，新四军的苏浙军区、淮北军区、淮南军区、苏北军区、苏中军区、鄂豫皖湘赣军区以及中央军委所属的河南军区等部队，直接向长江两岸、津浦路南段、陇海路东段及宁沪铁路各地的日、伪军发动全面反攻，直逼南京、上海、武汉等大城市，解放了华中地区大片国土。

在华南，从8月14日开始，东江纵队、珠江纵队、琼崖纵队等人民武装力量集中主力，分别向广九路沿线、东江两岸、雷州半岛的日、伪军据点及当面之敌展开猛烈进攻，扩大了解放区，直逼广州、汕头、海口等城市。

东北抗日联军教导旅在中苏边界营地召开反攻誓师大会后，从8月26日起，回国配合苏联军队作战，并改名为东北人民自卫军，担负随苏军各方面军分别占领东北战略要点的新任务。指战员分赴12个地区的50个城市，协助苏军收复和管理城市，恢复人民抗日政权。

从8月11日起的全面反攻作战中，八路军、新四军和其他人民武装力量共解放县以上城市150座。

此外，中共中央、中央军委还从晋察冀、晋绥、晋冀鲁豫、山东、华中、陕甘宁等解放区抽调大批部队和干部，准备向东北进军。

在抗战胜利前夕的战略反攻中，中共中央发出夺取大城市及交通要道的指示，要求各地集中力量迫使日、伪军向人民军队投降，占领一切可能占领的大中小城市和交通要道，同时准备在上海等地发动和组织武装起义。后因形势变化，中共中央决定停止大城市武装起义，并改变战略方针，由夺取大城市、交通要道改为夺取中小城市及广大农村，作持久打算。

在中国抗日战争走向最后胜利之际，美国的对华政策逐渐由原来的扶蒋联共抗日，明显转为扶蒋反共，用支持蒋介石"统一"中国的做法来削弱中国共产党的力量。当解放区军民举行全面反攻、收复失地，并逼近大城市和主要交通线时，8月10日，美国参谋长联席会议指示驻华美军司令魏德迈，要他指挥美军"控制中国战场的关键港口和交通枢纽"，美军所控制的地区和受降的日本军队只转交给国民党政府。8月11日，蒋介石命令解放区军民"就原地驻防待命"，不得向日、伪军"擅自行动"，而且命令日、伪军"切实负责维持地方治安"，抵抗人民军队受降。日本在8月15日宣布无条件投降后，8月17日，美国总统杜鲁门签署盟军关于日军受降的第一号命令，声称所有在中国（东北除外）的日本陆海空军，只能向国民党政府及其军队投降，不得向中国人民武装力量缴械。美国还用各种方法把国民党军队紧急运往大城市和主要交通线去"接收"。与此同时，日军中国派遣军总司令官冈村宁次也于8月18日通令所属各部：只向国民党军队投降，不向其他军队缴械。

面对美、蒋同日、伪勾结抢夺抗战胜利果实的严重局势，中国共产党采取了针锋相对的斗争方针。8 月 13 日，朱德、彭德怀致电蒋介石，坚决拒绝他 8 月 11 日的错误命令。8 月 15 日，朱德以"中国解放区抗日军总司令"名义致美、英、苏 3 国政府的说帖指出："中国解放区、中国沦陷区一切抗日的人民武装力量，在延安总部指挥之下，有权根据波茨顿宣言条款及同盟国规定之受降办法，接受被我军所包围之日伪军队的投降，收缴其武器资材，并负责实施同盟国在受降后之一切规定。"同日，朱德命令在南京的日本中国派遣军总司令官冈村宁次及其所属一切部队，停止一切军事行动，听候八路军、新四军及华南抗日纵队的命令，向人民军队投降。

由于美蒋的支持和纵容，侵华日军继续同中国共产党领导的人民军队作战。中国解放区军民的全面反攻仍在继续，主要进行歼灭拒降之敌的作战。在 1945 年 8 月 9 日至年底的全面反攻和歼灭拒降之敌的作战中，解放区军民共歼灭日军 1.37 万余人、伪军 38.5 万余人，缴获步、马枪 24.3 万余支，轻重机枪 5000 余挺，各种炮 1300 多门，收复县以上城市 250 多座，为加速日本法西斯的彻底灭亡作出了重大贡献。

（三）中国抗日战争的伟大胜利

中国战场的全面反攻、苏联参加对日作战和美国在日本投掷原子弹，加速了日本法西斯末日的到来。日本统治集团不得不接受《波茨坦公告》，无条件投降。至此，中国抗日战争胜利结束，世界反法西斯战争也胜利结束。

1.日本无条件投降和中国战区受降。1945年8月9日，日本政府决定接受《波茨坦公告》。8月10日，日本外务省通过中立国瑞士、瑞典政府，将日本接受《波茨坦公告》的照会转交中、美、英、苏4国政府。8月14日，日本政府正式照会中、美、英、苏4国政府，表示接受《波茨坦公告》。8月15日正午，日本天皇裕仁以广播《终战诏书》的形式，向公众宣布无条件投降。

9月2日9时，在停泊于日本东京湾的美国"密苏里"号战列舰上举行日本投降签字仪式。上午9时4分，日本外相重光

◎ 1945年9月2日，在东京湾的美国战列舰"密苏里"号上，日本代表在投降书上签字，侵华日军128万人向中国投降

葵代表日本天皇和政府、参谋总长梅津美治郎代表日军大本营在投降书上签字。9时8分，麦克阿瑟以同盟国最高司令官的身份签字。然后是接受投降的9位同盟国代表分别代表本国依次签字，他们是：美国代表尼米兹海军上将、中国代表徐永昌上将、英国代表福莱塞海军上将、苏联代表杰列维亚科中将，以及澳大利亚、加拿大、法国、荷兰、新西兰等国代表。签字结束后，上千架美军飞机飞越"密苏里"号军舰上空，庆祝这个具有伟大历史意义的时刻。至此，正式宣告日本军国主义的彻底失败和世界反法西斯战争的最后胜利。[①]

在中国，国民党政府垄断了受降权。在日本宣布无条件投降后，中国战区举行了受降仪式。1945年8月20日，中国陆军总司令何应钦率陆军总部参谋长萧毅肃等人及中国战区各受降主官先后抵达芷江，与日本乞降使节、日军中国派遣军副总参谋长今井武夫一行洽谈受降事宜。8月26日，中国战区划分为16个受降区，并任命了受降长官，分别接受日军投降。9月9日，中国战区日军投降签字仪式在南京国民政府中央军校大礼堂内举行。应邀参加仪式的有美国、英国、法国、苏联、加拿大、荷兰、澳大利亚等国的军事代表和驻华武官，以及中外

---

① 新中国成立后，1951年8月13日，中华人民共和国中央人民政府政务院发布由周恩来总理签署的通告，确定9月3日为抗日战争胜利纪念日。2014年2月25日，第十二届全国人民代表大会常务委员会第七次会议通过决议，进一步明确9月3日为中国人民抗日战争胜利纪念日。

记者、厅外仪仗队和警卫人员近千人。上午8时52分，中国战区最高统帅蒋介石的特派代表、中国陆军总司令何应钦，以及第三战区司令长官顾祝同、陆军总部参谋长萧毅肃、海军总司令陈绍宽、空军第一路司令张廷孟5人步入会场，就座受降席。接着，中国战区日本投降代表、日军中国派遣军总司令官冈村宁次，率总参谋长小林浅三郎、副总参谋长今井武夫、中国方面军舰队司令官福田良三、台湾军参谋长谏山春树等7人，脱帽由正门走进会场。9时整，何应钦将事先写好的日军投降书中文本两份交萧毅肃转送冈村宁次。冈村宁次阅毕，分别在这两份投降书上签字、盖章，然后由小林浅三郎呈交何应钦。何应钦在日军投降书上签名、盖章。至此，中国战区受降仪式结束。

9月11日至10月中旬，在华日军除因拒降被八路军、新四

◎ 1945年9月13日，中国共产党领导的抗日武装与苏联红军一起接受了古北口地区日军的投降

军和华南人民抗日游击队等部歼灭外，其余均缴械投降。由中国战区接受投降的日军共有 1 个总司令部、3 个方面军、10 个军、33 个步兵师团、1 个坦克师团、2 个飞行师团、41 个独立混成旅团，以及警备、守备、海军等部队，共计 128 万余人，另接收日军大批武器装备。

10 月 25 日，台湾地区的受降仪式在台北举行。台湾从甲午战争后被迫与祖国分离 50 年，但台湾人民从未屈服于日本侵略者的统治。台湾同胞除在岛内开展反对日本侵略者的斗争外，还有不少人冒着生命危险回到祖国大陆，参加抗日团体，从事各种抗日活动，甚至亲赴前线参战，为祖国抗战的胜利作出了贡献。台湾同胞的抗日斗争是中华民族解放斗争的一个重要组成部分。根据《开罗宣言》和《波茨坦公告》，中国政府把光复台湾工作提上议事日程。日本宣布无条件投降后，8 月 28 日，国民政府任命陈仪为台湾行政长官兼台湾警备司令部总司令，负责包括澎湖列岛在内的台湾地区的受降工作。10 月 25 日上午，中国战区台湾省受降典礼在台北中山会堂举行。日方代表安藤利吉在投降书上签字、盖章。台湾终于回到祖国怀抱，重归中国主权管辖之下。在抗战胜利的欢呼声中，台湾光复是中国抗日战争的伟大成果，也是抗日战争取得完全胜利的重要标志。

抗战胜利，普天同庆。当时在重庆的美国记者记录下这样的情形："抗战胜利的消息传到了重庆。这时正是炎热的痛苦的夏天。胜利的消息到来之时，恰好是在晚上。""男人、女人、小孩……所有的人们都走出家门，涌向重庆城内的广场。""公共汽车装载着两层乘客，在街道上缓缓而行。一些人站在公共汽车顶篷上欢呼着，挥舞着旗帜……游行的人们点燃了火把。中央社来不及印出号外，就在通讯社总部的墙上张贴出巨幅手写标语。"

聂荣臻，这位八路军的将领，在回忆录中记述了革命圣地延安欢庆胜利的情景："那些天，延安一片欢腾。宝塔山下，延

◎ 延安军民欢庆胜利

河两岸，中央机关和延安群众敲锣打鼓，载歌载舞，沉浸在一片胜利的欢乐之中。"

在被日本殖民统治50年的宝岛台湾，人们载歌载舞，表达回到祖国怀抱的喜悦。台胞张克辉回忆道："日本投降当晚，人群在夜间涌动、呐喊。不少家庭焚香祭祖，禀告列祖列宗在天之灵——台湾光复了。此后一段时间，台湾各地热烈庆祝光复，歌仔戏，布袋戏，龙灯，舞狮全部出动，到处张灯结彩，街上扎起牌楼。"

这是多么令人难忘的一幕幕场景啊！对全体中华儿女来说，庆祝的是从未有过的盛大节日，迎来的是民族复兴的喷薄曙光。

2. 正义的审判。《波茨坦公告》确定了惩办日本战犯、铲除日本军国主义、建立和平民主新日本的政策目标。第二次世界大战结束后，作为战后处理的重要一环，同盟国在日本东京设立远东国际军事法庭，根据国际法对日本战犯进行审判。

东京审判的检控方是由中国、苏联、美国、英国、法国、澳大利亚、荷兰、菲律宾、加拿大、新西兰、印度11国检察官组成的国际检察局，隶属于驻日盟军总部。1945年12月8日，驻日盟军最高统帅麦克阿瑟任命美国联邦司法部部长助理基南为首席检察官。中国检察官代表是上海特区法院首席检察官向哲浚。东京审判是根据《远东国际军事法庭宪章》，由上述11国法官组成的法官会议作出审判决定。麦克阿瑟任命澳大利亚人韦伯为法庭庭长。中国法官是国民政府立法院代理外交委员会主席梅汝璈。法庭采取少数服从多数的议事、决策原则；出庭法官过半数所作决定，方能生效。

1946年1月19日，麦克阿瑟颁布《特别通告》及《远东国际军事法庭宪章》，明确规定了判断战犯罪责的3条基本原则：第一，国际法规定的"通行的战争犯罪"；第二，计划、准备、发动或实施侵略战争，或违反国际条约、协定或诺言的战争，或参与为实现上述战争的一种共同计划或同谋的"反和平罪"；第三，在战前、战中针对任何平民的屠杀、灭绝、奴役、强制迁移以及其他的非人道行为的"反人道罪"等。

1945年9月11日，驻日盟军总部下令逮捕日本前首相东条英机等39名战犯嫌疑人。到年底，作为甲级战犯嫌疑人被拘留的日本军人、皇族、阁僚、财界人物等已超过百人。另外，还有属于乙级、丙级的战犯嫌疑人约2.5万人在各地被逮捕。1946年4月17日，国际检察局最后确定28人为甲级战犯，作为被告被起诉。4月29日，远东国际军事法庭对东条英机等28名甲级战犯正式起诉。

5月3日，法庭召开第一次公开会议，开始正式审理东条英机等战犯的罪行。首席检察官基南宣读长达42页的起诉书，历数被告自1928年1月1日至1945年9月2日期间所犯下的种种战争罪行。东京审判至1948年11月12日结束，前后持续两年半之久。判决书第五章专门论述了日本从1931年9月18日至1945年9月2日期间的侵华过程及罪行。判决书第十章是对25

名甲级战犯^①的判刑决定，判决对东条英机、广田弘毅、土肥原贤二、板垣征四郎、木村兵太郎、松井石根、武藤章 7 人处以绞刑，另对 16 人判处无期徒刑，对 2 人判处有期徒刑。1948 年 12 月 23 日凌晨，东条英机等 7 名甲级战犯在东京巢鸭监狱被执行绞刑。远东国际军事法庭对日本主要战犯作出的判决，对于世界历史产生了广泛、深远的影响，具有重要的历史意义。

中国政府对日本战犯进行了审判。1945 年 12 月，国民政府与联合国战争犯罪审查委员会远东及太平洋分会组成战争犯罪处理委员会，并相继设立保定、东北、南京、广州、济南、武汉、太原、上海和台湾等审判日本战犯军事法庭。从 1945 年年末到 1947 年 12 月底，各军事法庭共受理日本战犯案件 2435 件；其中，已判决的 318 件，不起诉的 661 件。经国民政府国防部核定判处死刑的 110 件。涉及的日本战犯，包括双手沾满中国人民鲜血的南京大屠杀主犯之一、日军第六师团师团长谷寿夫，在上海向南京进攻途中直至南京大屠杀前夕举行"杀人竞赛"的第十六师团片桐部队富山营副官、少尉野田毅和炮兵分队长、少尉向井敏明，第六师团第四十五联队上尉中队长田中军吉等人，均在南京被枪决。原日军第二十三军司令官田中久一，因在广东地区纵容其部队屠杀中国民众，于 1947 年 3 月 27 日在

---

① 甲级战犯最初是 28 人，因前外相松冈洋右和前海军大将永野修身病死，为日本军国主义侵略炮制法西斯理论根据的大川周明因精神病中止受审，最后只对 25 人进行审判和判决。

广州被枪决。

同时，国民政府还审判了一大批汉奸。1946年4—10月底，各级法院共审判处理汉奸案件2.5万余件。其中，判处死刑369人，判处无期徒刑979人，判处有期徒刑1.3万余人。除南京伪"国民党主席兼行政院院长"汪精卫病死日本外，汪伪政府"代主席""行政院院长"陈公博，"立法院院长"梁鸿志，"立法院副院长"缪斌，伪"国民党中央常委兼社会部部长"丁默邨，"宣传部部长"林柏生，伪"冀东防共自治政府"主席殷汝耕等被判处死刑，执行枪决。伪"国民党中央政治委员会秘书长"、汪伪政府"行政院副院长"周佛海，汪精卫之妻、伪"国民党中央监察委员"陈璧君等被判处无期徒刑，死在监狱。

1949年10月中华人民共和国成立后，对日本侵华战争罪犯的审判进入新的阶段。至1956年，除苏联政府移交给中国的969名日本战犯外，还有被中国人民解放军逮捕的140名，其中死亡47名，实际在押的日本战犯有1062名。根据1956年4月25日中华人民共和国全国人民代表大会常务委员会《关于处理在押日本侵略中国战争中犯罪分子的决定》，中华人民共和国最高人民法院特别军事法庭分别于沈阳、太原开庭，对在押日本战争罪犯进行公开审判，一些战犯分别被判处8—20年有期徒刑。1956年6—8月，中华人民共和国最高人民检察院先后分3批对在押的罪行较轻、悔罪表现较好的日本战犯，宣布从宽处理，免予起诉，即行释放。

　　遭受日本侵略的其他各国也相继在伯力（今哈巴罗夫斯克）、新加坡、马尼拉、仰光、西贡（今胡志明市）等地成立军事法庭，对乙级和丙级日本战犯进行审判。据统计，被同盟国起诉的日本各类战犯总数为5423人，被判刑者4226人，其中被判处死刑者941人。1949年12月25—30日，苏联特别军事法庭对原日本关东军司令官山田乙三大将等12人进行审判。英国在中国香港、新加坡设立特别军事法庭，对日本战犯进行审判。在中国香港，对118名日本战犯予以起诉。在新加坡，对446名日本战犯予以起诉。其中，133名被判处死刑，2名被判处终身监禁，369名被判处有期徒刑。日军投降时担任第十四方面军司令官的山下奉文在菲律宾被美军逮捕并判处死刑。荷兰政府在印度尼西亚各地对995名日本战犯予以起诉，判处226人死刑、30人终身监禁、697人有期徒刑。美国对1453名日本战犯予以起诉，判处140人死刑。澳大利亚对939名日本战犯予以起诉，判处153人死刑。

　　对日本战犯的正义审判，使发动侵略战争、双手沾满各国人民鲜血的罪魁祸首受到应有惩处，把战争罪犯永远钉在历史的耻辱柱上。它向世人昭示：正义必定战胜邪恶，历史绝对不能重演！

十 "战争史上的奇观，中华民族的壮举，惊天动地的伟业"

题注：该标题取自 1938 年 5 月毛泽东写的《论持久战》。文中写道："这样看来，长期而又广大的抗日战争，是军事、政治、经济、文化各方面犬牙交错的战争，这是战争史上的奇观，中华民族的壮举，惊天动地的伟业。"

中国抗日战争是近代以来中国人民反抗外敌入侵持续时间最长、规模最大、牺牲最多的民族解放斗争，也是第一次取得完全胜利的民族解放斗争。这个伟大胜利，是中华民族从近代以来陷入深重危机走向伟大复兴的历史转折点，也是世界反法西斯战争胜利的重要组成部分，是中国人民的胜利，也是世界人民的胜利。

中国抗日战争的胜利，是全国各族人民经过极其艰苦的斗争、付出极大的代价取得的。在民族危难之际，在中国共产党倡导建立的以国共合作为基础的抗日民族统一战线旗帜下，全国各民族、各阶级、各党派、各社会团体、各界爱国人士、港澳台同胞和海外侨胞团结一心，义无反顾投身到这场关系民族生死存亡的伟大斗争中。大江南北，长城内外，全体中华儿女冒着敌人的炮火共赴国难，无论是正面战场，还是敌后战场，千千万万爱国将士浴血奋战、视死如归，各界民众万众一心、同仇敌忾，奏响了一曲气壮山河的抗击日本侵略的英雄凯歌，用生命和鲜血谱写了一首感天动地的反抗外来侵略的壮丽史诗。据不完全统计，在整个战争期间，中国军民伤亡 3500 多万人（其中，军队伤亡 380 余万人）。按 1937 年的比值折算，中国直

◎ 2015 年 9 月 3 日在中国北京天安门广场举行的纪念中国人民抗日战争暨世界反法西斯战争胜利 70 周年阅兵仪式

接经济损失 1000 多亿美元，间接经济损失 5000 多亿美元。伟大的中国抗日战争，是中国人民近代以来争取独立自由史册上可歌可泣的一页，是中华民族历史发展进程中饱经沧桑的一章，为挽救民族危亡、实现民族独立和人民解放，作出了永载史册的贡献。伟大的中国抗日战争，开辟了世界反法西斯战争的东方主战场，成为世界反法西斯战争的重要组成部分，为争取世界和平的伟大事业，作出了彪炳史册的贡献。

中国抗日战争的胜利，具有重大而深远的意义。它彻底粉碎了日本军国主义殖民奴役中国的图谋，彻底打败了日本侵略者，有力地捍卫了中国的国家主权和领土完整，彻底洗刷了近代以后抗击外来侵略屡战屡败的民族耻辱。它促进了中华民族的觉醒，使中国人民在精神上、组织上的进步达到前所未有的高度，为中国共产党带领中国人民实现彻底的民族独立和人民解放奠定了重要基础。它促进了中华民族的大团结，弘扬了以爱国主义为核心的中华民族的伟大精神。它坚定了中国人民追求民族独立、自由、解放的意志，开启了古老中国凤凰涅槃、浴火重生的历史新征程。它对世界各国人民夺取反法西斯战争的胜利、维护世界和平的伟大事业产生了巨大影响，显著提高了中国的国际地位和国际影响，使中国人民赢得了世界爱好和平人民的尊敬，中华民族赢得了崇高的民族声誉。

中国共产党在全民族抗战中发挥了中流砥柱作用。这是中国抗日战争取得完全胜利的决定性因素。中国共产党自成立之日起就把实现中华民族伟大复兴作为自己的历史使命，捍卫民族独立最坚定，维护民族利益最坚决，反抗外来侵略最勇敢，并作出最大的自我牺牲。在抗日战争时期，在民族危亡的历史关头，中国共产党以卓越的政治领导力和正确的战略策略，指引了中国抗战的前进方向，坚定不移推动全民族坚持抗战、团结、进步，反对妥协、分裂、倒退。中国共产党高举抗日民族统一战线的旗帜，坚决维护、巩固、发展统一战线，坚持独立自主、团结抗战，维护了团结抗战大局。中国共产党人勇敢战斗在抗日战争最前线，以自己的政治主张、坚定意志、模范行动，支撑起中华民族救亡图存的希望，引领着夺取战争胜利的正确方向，成为全民族抗战的中流砥柱。中国共产党在抗战的锤炼中得到发展壮大，更加坚强，更加成熟，成为拥有120多万名党员的大党，在全国社会政治生活中影响和作用大大增强。抗日战争的实践表明，中国共产党是领导中国人民争取民族独立和人民解放的坚强核心。在8年全国抗战中，八路军、新四军和华南人民抗日游击队共作战12.5万余次，以伤亡61万余人的代价，歼灭日、伪军171.4万余人，其中日军52.7万余人，缴获长短枪69.4万余支、轻重机枪1.1万多挺、各种火炮1800门，收复国土约100万平方公里，解放人口约1亿。到抗战结束时，人民军队发展到132万人，民兵达268万余人，并建立了陕甘宁、晋绥、晋察冀、冀热辽、晋冀豫、冀鲁豫、山东、苏北、苏中、苏南、淮北、淮南、皖中、浙东、广东、琼崖、

◎ 2015 年 9 月 3 日在中国北京天安门广场举行的纪念中国人民抗日战争暨世界反法西斯战争胜利 70 周年阅兵仪式

湘鄂赣、鄂豫皖边、河南 19 块抗日根据地。这些抗日民主根据地不仅成为歼灭日本侵略者的战略基地，而且为新民主主义革命的胜利，创造了前所未有的有利条件，奠定了坚实的基础。

中国抗日战争的胜利，是以爱国主义为核心的民族精神的伟大胜利，是中国共产党发挥中流砥柱作用的伟大胜利，是全民族众志成城奋勇抗战的伟大胜利，是中国人民同反法西斯同盟国以及各国人民并肩战斗的伟大胜利。中国抗日战争的伟大胜利，将永远铭刻在中华民族史册上！永远铭刻在人类正义事业和文明进步事业史册上！

中国人民在抗日战争的壮阔进程中孕育出伟大抗战精神，

向世界展示了天下兴亡、匹夫有责的爱国情怀，视死如归、宁死不屈的民族气节，不畏强暴、血战到底的英雄气概，百折不挠、坚忍不拔的必胜信念。伟大抗战精神，是中国人民弥足珍贵的精神财富，将永远激励中国人民克服一切艰难险阻，为以中国式现代化全面推进强国建设、民族复兴伟业而不懈奋斗！

中国抗日战争和世界反法西斯战争的胜利表明，和平来之不易。中国人民将坚定不移走和平发展道路，坚定不移维护世界和平，与世界上所有爱好和平的国家和人民一道，推动构建人类命运共同体，为人类和平与发展作出更大的贡献。

让历史告诉未来：中华民族解放万岁！

让我们共同铭记历史，缅怀先烈，珍爱和平，开创未来！

让我们共同铭记历史所启示的伟大真理：正义必胜！和平必胜！人民必胜！

后 记

　　为纪念中国人民抗日战争暨世界反法西斯战争胜利 80 周年，我们编写了这本《中国抗日战争极简史》。

　　本书编写过程中，除了查阅和运用第一手资料外，还参考了有关权威部门和学术机构组织编写的党史、军史著作，也参考了学术界一些专家学者的研究成果。在本书出版之际，特表示衷心感谢！

　　本书的编写和出版，得到学习出版社的支持和帮助。有关部门的专家审阅了书稿。中国人民抗日战争纪念馆的谢艾雯同志为本书选取照片并撰写说明文字。在此一并表示谢意！

　　为方便读者用较少时间了解中国抗日